歴史文化ライブラリー
157

公園の誕生

小野良平

吉川弘文館

目次

装置としての公園──プロローグ

公園という居場所

都市は人々の流動の場である。都市の日常において、私たちはさまざまな場所に身を置き、またそれらの間の行き来を繰り返している。その場所や空間には、誰かがそこに立ち入ったり留まったりすることに対して、その「誰か」に応じたさまざまな制約が陰に陽に設けられているが、その中でいわゆる公共的空間と呼ばれるところは、比較的その制約の少ない場所である。さらにその中でも、誰であれそこに「留まり居ることの自由」がとりあえず保障されている空間の代表的存在が、本書のテーマとなる「公園」である。

実際に公園は、ほかに行き場のない人々が比較的自由に居られる場所というかたちで、子供、高齢者、ホームレスなどの社会的弱者の居場所である。もちろん一方ではホームレスや公園デビューできない母子が、公園からさらに排除される現実もあることは見過ごし難いが、しかし一般的には弱者とは思われていないサラリーマンですら、仕事などで落ち込んで一時的弱者になると、うつむいて公園のブランコを揺らしてみる。最後の例はメディアの作り上げた戯画かもしれないが、不況の深刻な昨今では中流ホワイトカラーがある日突然公園の無宿者となる可能性も現実のものである。

その一方で今のところ公園は物的空間として、子供の遊び場をはじめ人々の休息、レクリエーション、スポーツの場という役割を与えられ、実際その役目をそこそこに果たしている。しかしそれでもやはり公園は、公共的空間のうち道路や河川などのいわゆるインフラストラクチュア（社会基盤）や、あるいは駅や図書館、学校、病院などの建築的な公共施設に比べると、一見これといった役目、何かのために積極的に役立つという役割が希薄にみえる。公園のこうした「役に立つ」世界から疎外された世界であるかのような姿が、公園に自由な居場所の性格を与えることに繋がっているのかもしれない。

本書のねらい

本書は、そこでその公園の希薄な役割を復権させよう、と意図するものではない。今現在公園が置かれているこうした位置づけに対し、公園という空間がどういう考えのもとに都市の装置として構想され、実際に世の中に提供され、さらにそこに何が期待されてきたのかという歴史の過程をたどり、都市空間の中である種特異な空間となっている公園を見つめなおすことをねらいとしたい。それが公園の今後とりうる姿に対して直接の方向性を与えるわけではないが、今現在身の回りに当たり前のように存在する公園も、そう遠くはない過去に現れ、その後今に至るまでにさまざまな人のさまざまな思惑を抱えてきたことを知ることで、当たり前のように思えていた見方もまた変わってくるであろう。

そもそも公園とは、おおよそ近代以降、日本では明治以降の都市社会に現れた制度的装置といってよい。世界的にみた公園の発祥については、何をもって公園とするかで見方が異なるが、仮に先のような自由に入れる公開された園地という意味では、十七世紀に王室の庭園を開放した英国の例（ハイドパーク、一六三〇年代）が早い例として知られている。日本においても将軍が庶民も入れる花見の園地を整備した例もある（隅田川堤や飛鳥山など、一七二〇年ごろ）。しかしそれら以前にも、入会地《いりあいち》、コモンといった共有地は、それを主目的としたわけではなくとも、あるコミュニティには開かれた遊び場でもあったので、西欧に限らず一概にどこの何がその始まりかは定め難い。

しかし大きな転換点と考えられるのが産業革命以降発生した都市人口の過密、環境悪化などの問題を解決するための一装置として、「行政」という統治機構が主体となって「市民」に提供する空間として公共オープンスペースを獲得、整備し始めたことである。この意味で公園は近代の制度的装置ということになり、これは確かに西欧において起きたものである。この意味では公園は「近代市民社会」の産物として市民が獲得したものといちおうはいうことができる。行政による公園設置は十九世紀以降ドイツにおいて若干早く始まり、これに英仏米などが続いた。明治の日本が導入しようとした公園もこの流れであるが、その受容の形は簡単に「移植」されたという見方で片付くものではない。

こうした「公園の歴史」については、もちろんこれまでにも多くのことが研究され記されてきた。当然ながら本書はそれらの成果に多くを負うものであるが、それらのこれまでの蓄積は、「公園緑地」を専門的に担う官や学の立場のものが、自らのためというか、自らの分野内に向けて歴史の記述を行ってきたきらいがある。筆者もまたその世界に身を置くものではあるが、公園がいちおうは万人に開かれたものであるのならば、なるべくその歴史を閉じた世界のものとせず、多くの人の耳目に触れるものにしたいと思う。公園が社会の装置であるならば、それだけの社会の縦糸、横糸に参照された歴史として記すことをささやかながら試みたい。

本書の構成

本書の主な対象は、明治期の東京における実現しなかったものを含む公園である。これをもって日本の公園全体の話をすることは当然無理があるが、大正期以降行政（内務省）の内部に公園をもっぱら取り扱う職能が形成されていく（現在は国土交通省の管轄にある）歴史の中で、本書ではまだ専門職能もなかった時代の明治期に模索された、公園を提供する側の考え方（計画思想とも呼べる）を取り扱いたい。なぜならばある職能とはそれぞれの専門的技術を発揮するだけではなく、それを支える「思考法」が共有される集団的領域であるが、その思考法は職能形成後は基本的に継承される傾向を示すため、職能形成以前から誕生にいたる時代が最も注目されるからである。また、昨今「地方分権」が叫ばれているのは、それだけ今までが集権的であったことの証《あかし》であることからもわかるように、明治国家の地方経営の極めて中央集権的性格を考慮したとき、「東京」に展開された「計画思想」の影響力は計り知れないものであると考えられる。

さらに本書では公園を社会の装置として大きな二つの観点から捉えたい。一つは、「都市計画」という、明確な主体がはっきりとした目的と意思をもって都市機能、都市空間の編成を構想する一連の作為に中に現れた公園計画の考え方である。具体的には明治十年代より始まる「市区改正《しくかいせい》」と呼ばれる、今でいう都市計画の中での公園計画である。ここで「計画」とあえていうのも、それらの多くは構想されただけで、有名な日比谷公園などを除いてはほとんど実現しなかったからである。しかしこうした未完に終わった計画の中にも、現在にまで繋がる公園提供者の考え方の源流があることを示したい。

次に二つめの観点として、行政というよりはその上位にある国家的ともいうべきレベルでの意思の働きにより構想された公園に注目する。これは記念式典、博覧会、戦勝凱旋《がいせん》式といった国家的祝祭・催事のために必要とされ、その後公園となっているものである。都市計画上の公園がなかなか実現しなかったのに比べ、国家的催事にかかわる公園が都市空間に残した実績は大きい。事実、東京都心部の地図を広げてみれば、残されている多くの公園や緑地が、こうした国家的意味合いで繰り広げられた催事に深くかかわる土地であることを知ることができる。それらの公園が都市計画と無縁であったわけではないが、都市計画の中には収まらない論理で産み出された公園も少なくないのは事実である。

この二つの捉え方は、明治期を十八、十九世紀以降欧州を中心に進められた近代の「国民国家」形成期と位置づけ、その中で実現された諸制度、国家装置、国民的シンボルなどの枠組みとしても整理することができる。西川長夫氏の示す国家装置と国民統合の諸要素の考え方を参照するならば（「日本型国民国家の形成―比較史的観点から―」『幕末・明治期の国民国家形成と文化変容』）、本書の扱う都市計画のかかわる範囲は、おおむね国家の経済統合、国家統合、国民統合のための諸装置の編成ということができ、そこに現れた公園などもその一装置であるとみなすことができる。一方の国家的祝祭・催事とは国民の文化統合、シンボル統合、さらには世俗宗教とも呼ぶことのできる「国民」の精神的よりどころを編成しようとする儀礼的行為であり、その場としての公園はそうした象徴性を帯びた装置であるといえる。これは多くの公園がこの二つの装置性のレベルに分類できるということではなく、それぞれの公園に程度の差はあれこうした二つの性格があるのではないかということである。

先に公園が世界的には「近代市民社会」の産物であるとの一つの見方を示したが、英仏などにおいて「市民革命」をへて到達したとされる近代市民社会の時代は、ほぼ同時に国民国家形成の時代であった。明治以降の日本が西欧由来の（制度的装置としての）公園をどのように受容したのかという問題を考える際に、西欧市民社会が獲得したものとされる公園を、その市民社会なるものの差異から比較検討することは当然一つの視点となる。しかし日本における市民社会というものの存在や性格はさまざまな見方があり立脚点としては難しく思える。そこで本書では同時代の世界にある程度共通した性格と捉えられている国民国家の装置性という観点からみることで、日本における公園の成立を見つめてみようと思う。今は身の回りに当たり前のようにある公園、しかしそれほど私たちの生活に馴染んでいるわけでもないどこか違和感のある存在である公園、それが産まれ出てきた過程を歴史的に捉え考察することで、その違和感の所在もみえやすくなるのではないかというのが本書の大きな姿勢である。

帝都の構想と公園

公園制度の誕生と市区改正

公園制度の誕生

多くの事物の起源というのは不明確であることが普通であるが、「公園」というのはある土地に適用される「制度」なので、その始まりとしては明確である。それは明治六年（一八七三）に政府（太政官《だじょうかん》）から出された布告によるもので、これが日本での公園制度の発祥とされている。

第十六号　　府県へ

三府を始、人民輻湊《ふくそう》の地にして古来の勝区名人の旧跡等、是迄群集遊観の場所（東京に於ては金竜山浅草寺《きんりゅうざんせんそうじ》、東叡山寛永寺境内《とうえいざんかんえいじけいだい》の類、京都に於ては八坂社清水《やさかしゃきよみず》の境内嵐山の類、総て社寺境内除地或は公有地の類）従前高外除地に属せる分は、永く万人偕楽の地とし、公園と可被相定《あいさだめらるべき》に付、府県に於て右地所を択ひ、其景況巨細取調

図相添《え》、大蔵省へ可伺出事《うかがいいずべきこと》

明治六年一月十五日　太政官

ごく簡単にいえば、これから公園という制度を発足させるのでそれに見合う土地を選定して申し出よ、という通達である。もちろん制度の誕生と実際の空間とは別であるので、物的空間として現在考えられる公園「のような」場所・土地（あるいは後に公園と呼ばれることになるような空間）がそれ以前から存在したことは容易に想像できる。仮に人々がある程度自由に「遊観」や「偕楽」（あるいは気晴らし、気散じ、レクリエーションなどともいえる）できる屋外の空間を、とりあえず現状からみた「公園のようなもの」とするならば、天然の野山は置くとしても、たとえば寺社の境内などは江戸あるいはそれ以前から公園のような空間であった。そして事実、明治六年の太政官布告とはそのような土地を制度上「公園」と位置づけることを全国に求めるものであった。これに従って東京府は太政官に対して金竜山浅草寺（浅草公園）、東叡山寛永寺（上野公園）、三縁山増上寺《ぞうじょうじ》（芝公園）、富《とみ》岡八幡社《おかはちまんしゃ》（深川公園）、飛鳥山《あすかやま》（飛鳥山公園）の五ヵ所を公園として伺い出、同様に各府県からも伺いが出され、ここに空間としての公園も成立することとなった。

その公園とは、開国にともない横浜や神戸などの居留地に外国人が設置を求めた公園（屋外レクリエーションの場）や、いくつかの使節団が見聞した海外の情報から得られた西欧の公園がモデルとなったとみられている（ただしその中で最大の岩倉使節団の帰国の前に布告は出されている）。しかし布告が本質的にねらいとしたところは、近年のいくつかの研究によれば、明治六年七月から始まる地租改正にともなう官民の土地所有の峻《しゅん》別《べつ》化にあり、その過程で所有者のまだ不明確であった社寺境内地等の土地に対して設定された土地種目の一つが公園であった。具体的には社寺境内地等を、官有にして無税にするのでもなく、社寺（私）有にして土地税（地租）をとるのでもなく、官有ながら社寺の経営を認め、土地を貸して借地料・地方税をとることのできる地目とした。たとえば「浅草公園」では、仲見世などから得た借地料が、独立採算であった戦前の東京市の公園経営を支える重要な財源となっていた（浅草公園は戦後政教分離により公園としては廃止される）。

太政官布告と市区改正の公園

このことから、「公園」の制度化とは土地管理のためのいわば方便にすぎなかったとみることもできる。しかし公園制度の創設において、少なくとも遊観の場としての社寺境内地がそれまでにもっていた社会的役割を守り存続させようという意思が働いたことは違いなく、のちに公園とされるような空間としてすでにあった実体の保全・継承を制度として実現した点は、仮にそれが主目的ではなかったとしても現代の眼からは意義の認められる点である。

さらにこの太政官布告の重要性は、公園という概念の都市や社会における組み込まれ方そのものにあると考えられる。物的空間としては以前と変わらぬ社寺境内が継承されたにしても、そこを官―民の所有の区別にともなって官有の「公」という空間として公園を創設したことは、都市空間全体としては江戸期に比べて劇的な組替え、編成がなされたといえる。身分制度によって空間的にも分節されていた都市空間が、その解体とともに一元的に管理されるようになり、その一施設として公園は官（行政）によって創設、管理されることとなった。そしてこの性格は現在に至るまでほとんど不変のものである。こうしたまさに制度、システムとしての公園が始まったのが明治六年の太政官布告であった。

こうして行政が公園を制度的に設置しこれを管理するという仕組みがここに始まることとなるが、明治初期には従前の社寺境内などの空間の保全というかたちで機能したこの制度も、明治中期以降、まったく新しく公園を「創造」しようとする動きがおきる。これが「市区改正」と呼ばれた東京を近代都市として改造しようとする都市計画事業のための議論の中に現れてくる。太政官布告による公園制度は国土全体の土地システムへ組するものであって、「都市」の概念は特に明確には存在しない。これに対し市区改正の中に現れた公園計画は、まず都市（特に首都、さらには帝都としての東京）をどのように物的、制度的に秩序立てて経営していくかという構想の一部となるものである。この点において、制度的には太政官布告が公園の発祥ではあるが、公園「計画」というものの始まりを市区改正に位置づけることができる。あるべき都市の姿を構想し、その中であるべき公園を計画する、というプロセスが始まったときに、そもそも公園とはどういう空間なのか、という思考がある意味本格的に始まるとも考えられるので、この市区改正は公園にとって制度の発祥と同等に重要な起点と考えられる。

明治十八年東京市区改正審査会

ある都市に対して、道路、上下水道などの基盤となる施設や、用途による土地利用のコントロール（用途地域制）などを計画する、現在一般にイメージされる「都市計画」の近代日本における始まりは、明治十七年（一八八四）に東京府知事芳川顕正《よしかわあきまさ》によって政府・内務省に提出された東京を対象とした「市区改正意見書」であるとされる（藤森照信『明治の東京計画』）。もちろんこれは突然登場したものではなく、ここにいたる計画の萌芽はいくつか存在したが、この意見書に始まる市区改正は東京という都市全体の姿を構想する意味で、それまでのものとは大きく画される。

「市区改正意見書」は、計画人口と計画市域、用途地域制、道路計画、鉄道計画、運河計画、橋梁計画を具体的内容とするもので、主に交通計画を骨子とするものであったが、そこにはまだ公園の計画は存在しなかった。しかしこの意見書を原案（「市区改正芳川案」ともいう）としてその内容を審議する「市区改正審査会」（会長は芳川）が同年内務省によって設置され、翌十八年の二月から十月までの間に議論が重ねられ、ここではじめて都市計画的構想による公園計画の議論が登場する。これは同年「市区改正審査会案」として内務省に答申され初の公園計画となるが、この計画に関してはその結論的成果としては知られていたものの、その背後にある考え方については、実現されなかった理想案というような認識もあり、あまり着目されてこなかった。審査会案は明治十九年から二十一年にわたる一時的中断を経て「市区改正委員会」においてさらに審議されていく。本章では手始めにこの審査会案について、この市区改正の議論の中で公園がいかに構想されたかを探っていくことを試みたい。続く市区改正委員会での公園計画は次章で取り扱うこととする。

公園設置の提案

そこでは明治十七年（一八八四）十一月に提出された「市区改正意見書」には存在しなかった公園計画が、十八年二月二十日より始まった市区改正審査会の中で登場する経緯は、まず第一回審議における内務大書記官山崎直胤《なおたね》の「欧化論」に始まる。それは東京をパリのような都市に装いたいという願いであり、その中でパリのブローニュの森などの例を引きながら、東京にも「市民の逍遥場《しょうようば》」や「内外貴顕紳士の会園」を設けたいとするものであった（『東京市区改正品海築港審査議事筆記』）。しかし実際の公園計画はこの第一回会議を欠席した内務省衛生局長、長与専斎《ながよせんさい》の第二回会議（同年三月三日）での公園設置の提案により実質的に進められた。このとき長与は明確な公園必要の理由を述べているわけではないが、社寺境内地の公園に不足を感じ、日本人が「健康」に「精神を養う」場としての公園設置を主張した。

（前略）唯繁昌地《ただはんじようち》には独り大伝馬町《おおてんまちよう》なる旧牢屋敷《ろうやしき》に小公園類似の場所あるも、現在の姿にては公園とも云ひ難し。元来日本人の遊びは卑屈極りて演劇を観るとか或《あるい》は碁を囲むとか茶の湯とか謠とか、甚《はなは》だしきは「芸妓《げいぎ》の尻でもつねる」如《ごと》き総《すべ》て座敷内の遊興にして真に不健康の至りなり。斯《かく》の如き文明社会に不健康なる遊びをなすは畢竟《ひつきよう》真の公園地なきが為《ため》なるべし。苟《いやしく》も我日本国中君子の遊びをなして精神を養ふ所なきは外国に対し如何《いか》にも恥入次第なり。左《さ》れは市区の改正に際し適当の地を選み公園を設け道路に選び広小路を作るは最も緊要のことに属せり。就《つい》ては之《こ》れが委員を置かれ其《その》計画の詮議あらんことを切望す。（『東京市区改正品海築港審査議事筆記』）

そして長与の提案で、公園計画を検討する調査委員（長与以下五名の審査会委員）が任命され、第九回会議（同年四月二十一日）でその検討結果として公園計画が議に付された。

審査会の公園計画

そこでは小委員会による原案披露という形で、まず公園設置の目的の説明から始まった。

公園

人口稠密の都府に園林及び空地を要するは、其因由《そのいんゆ》一にして足らずと雖《いえど》も、第一に衛生上より論ずれば、街衢《がいく》相連《あいつらな》り軒楹《けんえい》相望むの間之《これ》に間在し之に連帯する開豁《かいかつ》清潔の場所あるに非ざれば、住民日常の生活、産業より生ずる大気の汚敗を更新するの路なく、有害の悪気市区に沈滞して病夭の媒を為し其浄除揮散《じょうじょきさん》を求むるも得可《うべ》からず。是《これ》家に庭砌なく、室に窓牖《そうゆう》なきに同じく、亦《また》身体に肺臓を欠くに異ならざるなり。

（後略）（『東京市区改正品海築港審査議事筆記』）

ここに示されているように、公園設置の第一の目的は、内務省衛生局長がまとめただけあって「衛生」であった。山崎が提案した都市を美装するための公園の役割は副次的扱いとなり、そのほかに防災、仮設的市場、車馬の交通広場などの機能も加えられた。長与が公園を提案したときには「遊び」についての話があったが、それも約ひと月半後のこの目的からは消えている。ここで公園を身体の「肺」と捉える考え方は、よく「都市の肺臓」という表現とともに公園の認識としてこの時代以後、多く語られることとなる。樹木が二酸化炭素を吸収し酸素を放出することを考えれば、新鮮な空気を吸える公園の機能の説明として今でもイメージ的に違和感なく理解されるが、このニュアンスは次節で詳しくみることとしたい。

その前にこの審査会で成案となった公園計画を紹介しておくと、右の趣旨説明に続いてロンドン、パリ、ベルリン、ウィーンにおける都市の人口、面積、空地の数、大公園の数

図１　東京市区改正審査会の計画図（「修正市区改正図」、道路（実線）の交差部に目立つグレーの部分が公園）

を基本データに「一空地」あたりの人口、面積が計算され基準となり、東京では四五の「小遊園」と数ヵ所の「大遊園」が必要と算定された。さらに当時の一五の区の人口面積をもとに、人口一人あたりの公園必要坪数が示され、四五ヵ所の小遊園が数ヵ所ずつ各区に振り分けられ、大遊園に関しては全体で一一ヵ所が、それぞれ具体的敷地とともに提案された。これを原案に第九回会議は審議の結果、成案として四三ヵ所の小遊園と九ヵ所の大遊園が決定され、配置図も作成された（図1）。このように「公園」を大小二種類の「遊園」からなるものとして系統だて、また人口や面積などの数量を根拠に客観性を求めつつ公園の必要箇所数を決めていく考え方は、基本的には現在の行政の公園計画とまったく同じであり、この意味で市区改正審査会の公園計画は日本での都市計画的な公園のはじまりと位置づけられる。

都市の肺臓論と公園

英国における都市の肺臓論

ここで先に示した、都市の「肺臓」と表現された公園の第一の目的あるいは価値であった「衛生」が、もう少し具体的にどのような意味であったかを検証しておきたい。というのも公園が肺に喩《たと》えられるのは今でもイメージとしてはわかるが、それが最大の目的であることは少々理解しづらいからである。

まずこの都市の肺という表現はオリジナルではない。たとえば一八三九年の英国の文芸誌『ブラックウッズマガジン』には「ロンドンの肺」と題する論説がみられる。そこでは人の密集した都市において人間存在に必須なのは新鮮な水と空気であるとし、都市の呼吸器官としての緑のオープンスペースについて内外の事例を挙げながら、そのロンドンにおける重要性を述べている。すでに十七世紀来王立庭園が開放されていたハイドパークなど個々の緑地を肺葉にたとえ、これらの豊かな西部に比してイーストエンドの悲惨さを指摘している。

都市と衛生との関係は現代ではあまり意識されることがないが、十九世紀はコレラに代表される伝染病がたびたび大流行し当時の大きな社会不安を形成していたため、これに対処する「衛生」の役割は極めて重要であった。その中で都市の衛生状態を改善するための「換気」装置としての公園の認識をまず英国での議論の中にみることができる。ただしこれに類する概念は英国では少なくとも十七世紀には遡《さかのぼ》ると思われ、深刻なペスト流行の中、瘴気《しょうき》（ミアスマ）が伝染病をもたらすというギリシャのヒポクラテス以来の認識のもとに、たとえばかがり火をたいて空気を浄化することが図られたりした。

また当時を代表する教養人ジョン・イーヴリンは、初期産業革命によって石炭資源の開発が進むにつれて起きた煙害の問題に対する論説を一六六一年に国王に提出した。その中で都市の空気が腐敗していることが人々の不健康の原因であるとして、病人の転地、工場の移転などとともにロンドン周辺への緑地設置を提案した。科学的に植物のガス交換の働きが発見される一〇〇年以上前のことであるが、都市に「農村」をもちこむことで健康な生活を志向するという点では、のちの都市公園や「田園都市」の構想につながる考えがここですでに示されていた。

こうした素地もあったなか、コレラの大流行を迎えた十九世紀中盤は衛生環境について「換気」へのこだわりが強迫観念的に強まっていたと思われるが、それを後押ししたのは相変わらず毒気、瘴気（ミアスマ）が伝染病をもたらすとする説が有力であったためである（見市雅俊『ロンドン＝炎が生んだ世界都市』）。今のところの自然科学からみれば誤りといわざるをえないこの瘴気論がむしろ力をもっていたことは結果的には社会に大きな変革をもたらした。

たとえば後にマルクスとともに社会主義思想を築くフリードリヒ・エンゲルスは、『イギリスにおける労働者階級の状態』（一八四五年）によって産業革命下の労働者の惨状を訴えたが、その都市衛生に関する認識は同じ考えである。また十九世紀の英国においてさまざまな行政改革を牽引し、その一つとして一八四八年に公衆衛生法の成立に大きくかかわったエドウィン・チャドウィックもこの立場を支持する一人であった。これが上下水の整備などに代表される近代の都市衛生工学の発展に大きくつながる。あるいはクリミア戦争（一八五四～五七年）で戦地に赴き野戦病院の衛生環境を劇的に改善し伝説となり、のちに近代看護学を確立したとされる、かのフローレンス・ナイティンゲールも、その「清潔」志向の原動力はやはり同じ瘴気論であったという（スーエレン・ホイ『清潔文化の誕生』）。こうした一般的な認識のもと、オープンスペースによって瘴気の排除、交換をはかろうとするのが十九世紀の「都市の肺臓」論であったと考えられる。長与《ながよ》の「都市の肺臓」が少なくとも言葉としては輸入概念である可能性はまず間違いないが、審査会でこうした概念が直接参照されたことは確認できないので、まず日本国内の伝染病流行とこれに対応する衛生行政などの動向をみてみたい。

伝染病をめぐる国内の衛生論

国内では明治以降だけでも明治十年（一八七七）、十二年、十九年とコレラの大流行があった。このようななか、明治十六年には衛生行政の翼賛と啓蒙のために「大日本私立衛生会」という官と学を連携する団体が組織され、内務省衛生局長の長与がその副会頭もつとめた（会頭は日本赤十字の創始者、佐野常民《さのつねたみ》）。この「私立衛生会」では多くの講演、議論などが行われているのでその思想を窺《うかが》うよき対象となる。

伝染病に関して、すでに明治十七年にはロベルト・コッホによりコレラ菌が発見されていたもののその病因論は相変わらず決着がついていなかった。すでに一つの説として有力であった接触伝染説を証拠づけた「菌」を病因とする最新の説（黴菌説《ばいきんせつ》）に対し、同じドイツのペッテンコーフェルが主張した土壌説、すなわち長い歴史をもつ瘴気論が健在であった。ドイツに留学しペッテンコーフェルに師事、帰国後明治十八年には医科大学（現東京大学医学部）で公衆衛生講座の教授となった緒方正規《おがたまさのり》は、「土地と衛生の関係」と題する

講演で、

虎列剌《コレラ》病毒たるや、（中略）近年「コッフ」氏の発見されたる処《ところ》のものにして、其《その》病毒と称するものは今爰《ここ》に持来たらざりしが、初め該《その》病毒の発見せらるる前如何《いか》なる土地に感染するや否《いな》は「ペッテンコーフェル」氏の経験に由《より》て明かなれども、（中略）吾人《ごじん》人身に此《この》害を与ふる土地をして病毒の発生を防遏《ぼうあつ》するは如何すべきか。其《それ》は人工に依り之を防ぐことを得《う》べし。（後略）

と述べ、さらに、

（前略）土地たる者《もの》は空気を含有し、其《その》空気は常に地上の空気と交換す。（中略）伝染病は土地の性質如何に由《より》て流行を逞《たまし》ふし或いは流行せず、吾人の健康を保護するに敵たる土地の不潔物は何に由て生じ何に由て其不潔の程度を確定すべきか。（後略）

（『大日本私立衛生会雑誌』三三）

として、土地とその空気の衛生が肝要であることを説いた。そこに「都市の肺臓」という言葉はないが、その意味しているところは同一であるものと思われる。そして緒方は明治十九年にはコレラ予防法として、病因がまだ確定できないとしたうえで、①清潔な飲料水、②土壌の清潔と下水建設、③家屋の清潔、排水、④貧民の隔離等をあげている。また翌年には長与自身もコレラの病因を二説挙げ、その双方を前提とした緒方の説に似通ったコレラ予防法を説いている。長与は、防疫、検疫、消毒の三法を挙げ、衛生行政が重視すべき方向性として、この中で最も重要なのが防疫であり、いわゆる消毒による病原菌の除去は「姑息《こそく》の手段」であるとして、病原菌の繁殖を防ぐ清潔な都市環境の改善を説いた。その手段は上下水道の整備や家屋建築法の誘導、そのほか公衆衛生による土地の「乾浄」化であるとした。

こうした認識は、当時広く認めることができる。かの文豪・森鷗外が医師でもあったことは有名だが、鷗外は明治十七年から四年間ドイツに留学し、コッホとペッテンコーフェルの双方に師事する。鷗外は帰国後の講演（明治二十四年）で述べている。

（前略）衛生学上に土地を見ますれば、土地の中にも空気が有《あり》て動いて居る、即《すなわ》ち風が吹いているやうなこともあり、又《また》土地の中に水が有て流れたり、上つて表面に近づいたり、又は深い処へ潜《ひそ》んだりしてゐます。（中略）土地の中に腐《くさり》があれば、その腐れた風が縁の下から家の中に這入《はい》り、月を重ね歳を重ねるうちには、人の健康を害《そこな》ふことがあります。又土地の中の水は汚《けが》れを助けるもので、腐れ易《やす》い品物があつても、温まりと湿り気がなければ、腐れずに済み、又其《その》二つがあれば、腐るものですから、土地の中の水の様子は、常に気をつけて見なければなりません。（中略）土地は乾き過ぎた憂ひは少くて、湿り過ぎて病を起こす憂ひが多いから、湿つて居る土地を乾かすのも、衛生事業の一に算へてあります。（後略）（『衛生学大意』）

しかしここまでの論議では、長与らの認識としてまだ「公園」を衛生装置として意味づける根拠は見えにくい。そこで審査会の公園計画を主導した長与の足跡にも触れてみたい。長与専斎は日本における医療行政、衛生行政の創始者として位置づけられている。大村藩出身の長与は大坂の緒方洪庵《おがたこうあん》率いる適塾《てきじゆく》に蘭学《らんがく》を学び、同塾生であった福沢諭吉に次いで塾頭にもなったが、緒方の勧めで長崎に行き、蘭医ポンペ、ボードウィン（ボードウィンは明治三年〔一八七〇〕に東京の上野を公園とすることを提言したことでも知られる）らに師事し西洋医学を学んだ。明治元年には長崎医学校の校長となるが、明治四年に文部省の設置とともに入省し、すぐに同年、岩倉使節団に随行している。長与は使節団一行が米国に留まっている間、途中単独分かれて欧州に渡り明治五年三月にはベルリンを訪れている。長与の自伝によれば、ここではじめて「国民一般の健康保護を担当する特殊の行政組織あることを発見」し、伝染病の予防はもちろん、「貧民の救済、土地の清潔、上下水の引用排除、市街家屋の建築方式」などが「国家行政の重要機関」であることを認識したという（『松香私志《しようこうしし》』）。ベルリンで衛生行政に目覚めた長与には、その当初より土地の清潔という認識が植え付けられていたとみられる。

長与の海外経験

帰国後、長与は文部省医務局長となり医制の制定にとりかかるが、明治八年には医務局が内務省へ移管となるのに際して、『荘子《そうじ》』から引いた「衛生」の語を局名として名づけ、初代の内務省衛生局長となった。翌九年には米国で万国博覧会にともなう国際医学会が開かれたが、長与はその出席と衛生行政の視察のため渡米し諸州をまわり、その報告書を記し内務卿《ないむきょう》大久保利通《としみち》に提出している。その中に以下のような記述をみることができる。

賃貸屋ノ事

（前略）暗渠《あんきょ》を設置せる市街の家屋は、厠《かわや》より其《その》暗渠に接続する適応なる管筒の装置を為《な》し、十分の水を送りて流通自在ならしめ且《か》つ塵芥《じんかい》汚物《おぶつ》の停滞なきを要すべし。（中略）市街家屋の地下に暗渠あれば、必ず庭園より管筒を接続し、屋背より滴《したた》りたる雨水其他《そのた》渾《すべ》て流体の汚物をして自在に其中に蔬通《そつう》せしむべし。又暗渠なき市街は、庭園の平地を偏削《へんさく》し、街上の路傍に就《つい》て小渠を鑿《ほ》り雨水汚物の流通に供すべし。但《ただ》し路傍の小渠は、常に蔽蓋《へいがい》ありて、其《その》停滞障礙《しょうがい》を掃除するを欠くべからず。（後略）

（『内務省衛生雑誌』十九）

ここでは、建築にかかわる事項のうち、土地の水吐けの改善およびその管渠の代用としての「庭園」に触れている。下水整備が先の長与のいう防疫法に位置づけられることと照らし合わせれば、庭園は防疫のための一設備、装置として位置づけられることとなる。この「庭園」の意味が確かでない問題は残るものの、長与は少なくともこの米国視察以降、衛生装置としての庭園的空地の役割を認識していたと思われる。

ところで米国の公園といえばフレデリック・ロー・オルムステッドらの設計によって一八五八年に着工されたニューヨークのセントラルパークが最も早く、かつ以後米国を超えて世界中の公園の祖型となった点で重要である。しかしここでさらに興味深く付け加えたいのは、そのオルムステッドがすぐ後の一八六一年に「合衆国衛生委員会」の幹事を任命され、南北戦争の戦地での衛生改善に尽力している点である。また彼の友人でセントラルパークの設計時に排水計画を担当したジョージ・ウェアリングは後に米国の下水道整備を担う人物となるなど（『清潔文化の誕生』）、米国においても公園と衛生の関係は少なからず強かったようである。さらに一八七〇年ごろにシカゴの公園計画にも関与した米国公衆衛生協会の創始者ジョン・ラウチは、まさに「都市の肺（the lungs of a city）」と公園を形容した。長与が少なくともラウチと接触した可能性は高く、都市の肺臓論の直接の情報源はこのあたりにあると思われる。

瘴気排除のための装置

ところで、換気のための「都市の肺臓」として今でもイメージしやすい、「緑の効能」についてもすでに知識としては知られていたようである。長与に遅れて明治六年（一八七三）、岩倉使節団一行はベルリンの病院を訪れているが、その見聞をもとにした論説「精気健康に大効用ある説」では、

（前略）空気の人身を養ふことも、飲食と同く、日夕《にっせき》不断に其効を現せり。（中略）炭酸瓦斯《ガス》は、草木の肥養には、反《かえっ》て第一の効用をなすものにて、凡《およそ》草木は、常に葉より此《この》気を吸ひ、其《その》炭を収めて、木質となし、酸を呼出す、動物の気息と相反するを以《もっ》て、地上の炭酸瓦斯は、草木に吸取て清浄なる酸素となし、空気中に呼出し、人の滋養を造るものなり。故《ゆえ》に病院は、草木多き地を選《えら》み、市廛《してん》の烟火《えんか》を離るる処を選む。是《これ》清浄の空気をとるためなり。（中略）疫病《えきびょう》瘴毒《しょうどく》の流布も、此の気より生ず。病の伝染も此気中に感ず。（後略）（『特命全権大使米欧回覧実記（三）』）

いわゆる植物のガス交換のことが記され、最後はまた瘴気論にまで結びついた論説となっている。これは長与の直接の見聞ではないが、審査会での「都市の肺臓」論の中に植物のある空地の働きとしての「換気」の意味も含まれていたことは考えられる。いずれにしろ「瘴気」の排除が都市の衛生改善の基本と認識されており、おおむね海外の都市の肺臓論と同様の概念で公園を捉えていたものと思われる。

　このように、長与専斎の考えた公園整備は、コレラをはじめとする伝染病対策として、当時認識されていた病因論をもとにした都市の衛生環境の改善を大きな目標とした、清潔な空気の供給と汚水の除去のために実効的機能を果たす「乾浄」の土地として公園を位置づける認識にもとづいて提案されたものと考えられる。公園は都市の防疫機構の一つとして捉えられていた。そしてそれは明治初期以来の長与の海外経験あるいはその他海外事情を踏まえた、衛生行政の発祥とともに始まった認識であるということができる。ただし、たとえば英国にみられた「都市の肺臓論」と比較すると、いち早い産業革命を経験した煙害への対応という時代からの歴史を有する英国のそれに比べ、日本では世界的なコレラ全盛の時代のなか、衛生思想がその対策を一義的問題としていた時代の概念としてちょうど入ってきたため、瘴気論にもとづく土地の乾浄化が実効的な衛生装置となることへの期待が特に高かったのではないかとも思われ、その認識はのちの市区改正委員会においても引き継がれるものとなる。

国民の身体と公園計画

配置案の分析

市区改正審査会の公園計画は配置計画図の形でも残されているが、その存在は公園配置計画が現実の都市空間を対象に具体的に検討されたことを示している。ただしそこに示される一つ一つの公園がなぜその場所に配置されたのかについては、議事録等は何も語らない。しかし敷地が地図上に確定されているからには、そこになんらかの具体的な選定の理由があったはずである。そこで次に審査会案の個々の公園を対象とし、そこになんらかの配置上の傾向がないか、もしそれが見出せるならば、どのような考え方にもとづいたものであるかを考えてみたい。

もちろん現在、公園の敷地が決められる際に、敷地の取得の容易性、つまり土地取得のための費用が大きくかかわることを考えれば、財政的な要因はまず確認すべきと思われる。

しかし、審査会の計画案のうち八割の小遊園は官有地を充てずに敷地全体を買上げ価格として計上している。また審査会の冒頭に会長の芳川顕正《よしかわあきまさ》も費用面の心配はないことを明言しているなど、公園配置の要因を検討するにあたって財政的要因はまず除外することができる。

しかしながら配置計画の考え方の分析は、その思想を直接示す資料がない以上、間接的にならざるをえない。そこで着目したのは市区改正という「計画」の作業プロセスである。既存の都市に対して行われる計画には、都市の現況を把握し参照するというプロセスが欠かせないことは、時代を超えある程度普遍的であると考えられる。事実、市区改正審査会の審議の原案となった「市区改正芳川案」は、あらかじめ測量を行い現況を調査したうえで、既存の道路を主とした都市の骨格に手直しを加えたものであった。ならば審査会の公園計画も、このような現況を参照する作業がなされたに違いない。そこでこの計画プロセスをいわば追体験してみながら計画案を見直したならば、そこに新たに見えてくるものがないだろうか。通常の歴史研究では史料から客観的に読み取れることを超える解釈は難しいであろうが、歴史的対象が「計画」である場合はそこに「計画者」の視点を差し挟むことも許されるのではないか、場合によってはそれが有効な視点になるのではないか、という立場をとることとした。

この仮定のもとに、まず審査会案の個々の計画公園を、当時の都市空間の状況を示す実測地図の上に重ね合わせる作業を通して、公園の配置とその周辺の都市空間との関連を検討した（図2）。具体的には実測地図上に配置計画図の公園敷地をトレースしたうえで、公園の自然環境的特性にかかわる緑地空間として、既設公園、旧大名屋敷等に残された庭園、社寺地、水辺空間を抽出し、また社会環境的特性にかかわる公的空間として、交通運輸施設、諸官庁、その出先である警察・派出所・消防署等、学校、病院、劇場等、軍関係施設を抽出してその公園の配置との関連性を検討してみた。

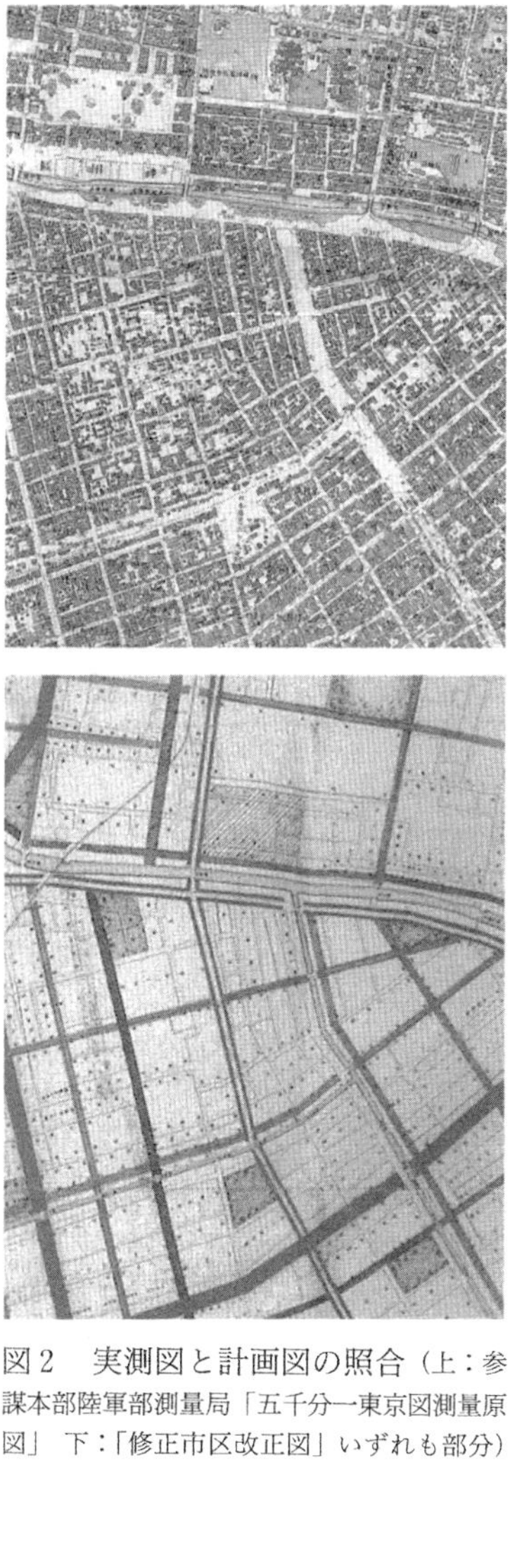

図2　実測図と計画図の照合（上：参謀本部陸軍部測量局「五千分一東京図測量原図」 下：「修正市区改正図」いずれも部分）

その結果を以下に示したい。まず「大遊園」に関しては、上野や芝、浅草など既設の公園であるところを中心に、靖国神社、神田明神など神社地を押さえた、太政官《だじょうかん》制の公園の概念を踏襲した計画であることが確認された。これは長与らの説明にも「或は遠隔の大公園に逍遥し、或は近区の空地に慰憩し」とあることから、大遊園は比較的市街地の外側に配置する考えであったといえ、既設公園との配置上のバランスから大遊園が選定されたと考えられる。

配置案の特性

次に「小遊園」であるが、道路との関係をみると若干の例外を除いては審査会の計画道路に面して、さらに半数以上はそれら計画道路どうしの交差部に面して配置されており、小遊園は道路計画が基本となって計画されているようである。このことは後の市区改正委員会において、調査委員の一人であった伊藤正信の発言「一体《いったい》小遊園を調べたる精神は大動脈の角に設《もう》くることの計画にてありき」(『東京市区改正委員会議事録』)からも確認できる。さらに小遊園と「現況」として存在した緑地的空間との関連をみると、大遊園とは対照的に既存の園地や社寺地への配置は少ない。とりわけ特に集中的に公園を配置することと議事録にも明記された神田区・日本橋区・京橋区でこの傾向が強い。この三区に計画された二七の小遊園中、なんらかの既存の緑地空間を利用しているところは六ヵ所と少なく、特に社寺地への計画については一ヵ所のみにすぎない。また河川など水辺の橋脇《はしわき》に配置された公園が多い点は、すでに指摘されている（田中正大『日本の公園』）。

小遊園　これまでにこうした小遊園の考え方について、寺社境内や橋脇空間の公園化をとりあげて、江戸の伝統を追認する考え方であったのではないかという評価も与えられている。しかし実態をよく検討すると社寺地への配置は少なく、橋脇の公園にしても江戸の橋詰《はしづめ》に設けられていた広場的空間（たとえば日本橋など）とは異なり、小遊園と水辺との間に道路を挟むものも多い。少なくとも全体の傾向としては「伝統」らしきものは薄いように感じられる。ところがここで小遊園と公的施設との関連をみると、むしろ小遊園の配置には「伝統」とは異質の特徴がみられることがわかった。小遊園の位置は興味深いことに、当時の小学校および警察署の位置と関連性をもって配置されているものが数多くあることが認められた。図3は、日本橋区を中心に、審査会の配置計画図（『修正市区改正図』）に当時存在していた公立小学校二七校および警察署八署の配置を重ねたものである。これをみると多くの小学校の近隣に、または小学校敷地に直《じか》に接して小遊園が計画されている。特に日本橋区では、当時の公立小学校七校すべてが小遊園の配置と結びついている。警察署についても同様のことが指摘できる。図に示した範囲外でもこの傾向は小遊園全体について認められた。そこで小遊園の配置がこの両者の配置に深くかかわっているのではないかということを仮説として検討を進めたい。

図３　日本橋区附近の公園，学校，警察関係図（「修正市区改正図」に加筆，丸印は公立小学校，星印は警察）

公園計画の立案者

その手掛かりとして計画作業を行った人物に着目する。公園計画の原案は長与《ながよ》を含めて五人の調査委員によって作成されているが、当時公園計画専門の職能は存在しないことから、公園計画は調査委員たちのそれぞれの本務である職務領域の思想を少なからず反映したものであろうということを前提に、そのかかわりをみてみたい。具体的には、調査委員のうち、内務省衛生局長の長与と警視庁二等警視小野田元熙《もとひろ》を重視し、衛生行政、警察行政と公園計画とのかかわりを検討した。長与についてはすでに触れたとおり、彼の提案によって実質的な遊園の検討が審査会の検討事項となり、この調査委員の答申も長与が説明を行っていることからこの調査委員のリーダーは長与であったと判断して間違いない。また小野田については、長与がはじめて公園提案を行った際に、長与とは違う立場から公園必要論を唱えており、これをきっかけとして調査委員を委嘱されていることから、この長与、小野田両者の職務領域である衛生および警察のオープンスペース観などを検討した。他の三人（内務省地理局長・櫻井勉、工部省技師・原口要、東京府吏・伊藤正信）の委員に関しては、その役割については課題として残るものの、審議の際にもほとんど発言をしていないことから、今回は対象外とした。

大日本私立衛生会の公園論

小学校と小公園の配置上の連携に関しては、大正十二年（一九二三）の関東大震災にともなう東京市の震災復興事業の中で、小学校の校庭と一体的に公園を設置することが行われ、公園史上は画期的な計画として高く評価されている。これに四〇年ほど先立つ審査会の計画は実現こそしなかったが、どのように解釈すればよいであろうか。そこで再び、審査会における公園の調査委員として中心的役割を果たしたと考えられる、長与専斎をはじめとする衛生界の議論をみてみよう。すでに触れた明治十六年設立の大日本私立衛生会は、毎月常会を開き、官民混じった活発な議論を交わしていたことから、この衛生会での審査会前後の議論に着目する。審査会の

開催される直前の衛生会の常会（明治十七年十二月）で、審事委員の柴田承桂《しょうけい》は、

（前略）吾人《ごじん》は往々此《この》休暇を害用浪費することはなきか今一般人の有様を見るに、日曜日にも読書勉強する者あり、或は（中略）東京の芝居の如きは朝より夜に入る迄尿臭酒臭の間に沈淪《ちんりん》し頭痛を土産に帰宅するの仕合なり。其他寄席等亦同様なり。上中下押しなべて通用する休暇日の生活法は唯《ただ》清潔なる空気の流通する公園等に散歩する外なかるべし。（中略）きく所に依れば政府は今市区改正に着手せらるるとのことなれば、成るべく善美なる公園若《も》しくは遊歩場を設置せられんことを希望するなり。（中略）もし大園を得ざれば多数の小園を以《もっ》てこれを償《つぐな》ふの工夫もあらん。（中略）茲《ここ》に一層嘆息するは、恰当の運動場あるも吾旧慣の服にては尤《もっとも》之《これ》に不適当なるの一時なり。（中略）公園を設くると同時に、成《な》る丈《た》け服制をも改め漸々《ぜんぜん》運動を好むの気風を養成せば、始めて時間を労費せさるの実効を収め休暇を濫用するの弊害を除くべきなり。（『大日本私立衛生会雑誌』二二）

と意見して市区改正を見越した公園の必要性を主張した。これは「吾人」と称される国民の「休暇」時間の使い方を嘆じている点や、大公園と小公園の二つのヒエラルキーを示している点など、翌年の審査会（第二回会議）において長与が先に掲げたような「日本人」の「遊び」方を戒めながら行った公園の提案と論旨が似通っている。

このことから、まず長与の審査会での公園計画の提案は当時の衛生会である程度共有されていた思潮を反映したものだったことがわかる。この国民の習性に対する劣等感とでもいうべき意識と似通った記述を、先の岩倉使節団の報告にもみることができる。

（前略）東西洋の風俗性情の毎《つね》に相異なる、反対に出《いづ》るが如し、西洋人は外交を楽む、東洋人は之《これ》を憚《はばか》る、是《これ》鎖国の余習のみにあらず、抑《そもそも》財産に用心薄く貿易を不急にするによる、西洋人は外に出て盤遊を楽しむ、是一小邑《いちしようゆう》も必《かならず》公苑《こうえん》を修むる所なり、東洋人は室内にあり惰居《だきよ》するを楽む、故に家々に庭園を修む、（後略）（『特命全権大使米欧回覧実記（一）』）

これは、使節団一行が渡航して最初に訪れた公園と思われる、サンフランシスコの「ウードワルト」公苑の記録に続けて載せられた、「博物観苑ヲ設クル主意」に述べられたものである。これは使節団の公苑（公園）全般にもかかわる見解と思われ、このような日本人の「惰居」を改良しようとする姿勢を、少なくとも明治十七、八年の長与をはじめとする衛生会の言論にもみることができる。

合理的レクリエーション

この姿勢は、近代化のなかでの欧米を目標とした日本の劣等意識に位置づけられるということはできる。しかしこれに似た主張は実は西欧自身のなかにみることができる。十九世紀初頭において英国の労働者の主な気晴らしの場はパブ（パブリックハウス）であった。酒場としてだけでなく、交通基地、宿場その他多くの娯楽の場として地域のセンターとなっていた。これが十九世紀、中流階級が主導するリフォーム（社会改革）の風潮がひろまるなかで、パブに労働者階級の男たちが集い時には動物いじめなどを楽しむ、上の階級からは極めていかがわしく不健全とみなされる気晴らしを、家族が健康に遊ぶ「合理的レクリエーション（rational recreation）」に変革しようとする主張が起こる。その場として求められたもののひとつが公園であった。

英国の公園（行政によるもの）は一八三三年の「Select Committee on Public Walks（公共遊歩道特別委員会）」による報告以降、数多く設置されていく。これはそれまで気晴らしの場にもなっていたコモン（共有地）の囲い込みによる減少という背景にかかわっているが、より積極的意味では、労働者が過ごすべき時間としての「レクリエーション」のための空間を行政が準備するという形に編成されていったのが、公園の誕生の一側面ということができる。

これは産業革命後の社会に起きていた個人の「時間」の管理の一端とみることができる。労働者の時間は効率という価値観のもと、工場などの大組織単位で集中的に管理されるようになり、生産性を向上させるために、文字どおり労働者を「再―創造」させるために必要と考えられた時間が「レクリエーション」であり、そこにさらに管理の容易な合理性が求められたのであった。

これは英国に限らず十九世紀西欧での共通した思潮であったと思われるが、日本において長与をはじめとする衛生会での「遊び方改良」の議論にそれがどの程度影響したのかは不明である。また行政が提供する公園という意味では英国より公園設置が早かったドイツなどにおいても、英仏などに対する当時のドイツの劣等意識が逆に公園をいちはやく成立させたとする指摘もある（白幡洋三郎『近代都市公園史の研究』）。こうしたドイツや日本の例も含めて、近代という時代の「合理」を求める世界的な（もちろん欧米に偏した）心性が、「レクリエーション」の場としての行政の提供する公園の誕生に大きくかかわっていることは確かであると思われる。

運動場としての公園

ところで、先の柴田の意見のもう一つの特徴は、公園を運動の場としても位置づけていることである。この柴田の発言に対して、

（前略）柴田君の運動説は頗《すこぶ》る賛成するなり。就《つい》ては自今《じこん》公私立小学校に成るべく運動場を設けたく欲するなり。（『大日本私立衛生会雑誌』二一）

との発言があった。このことから衛生会の議論の中では公園と学校の運動場が結びつけられて考えられていたこと、さらに当時の小学校に運動場が不足していたことがわかる。また審査会での公園計画報告のわずかに後（明治十八年）ながら、衛生会幹事の長谷川泰《やすし》は、

ベルリンの学事衛生協会の意見を紹介しながら「体操論」を講演した。

（前略）体育場の位置即ち体操するの場所は、決して校舎と遠隔の地に置く可《べ》からず。故《ゆえ》に之《これ》を学校の構内に設置するの可《か》なるは勿論《もちろん》なれども、若《も》し然《しか》らずんは勉めて学校の近傍に設け登校の生徒をして悉《ことごと》く此場に赴き、規程の体操を就《な》さしめざる可からず。（後略）（『大日本私立衛生会雑誌』二九）

これらのことから、審査会での公園の配置は、衛生会の議論を背景に、運動場として小学校に近接させて計画されたのではないかと考えられる。

学校衛生における「運動」論

しかし衛生行政の学校衛生への関心はこのときに始まったものではない。すでに明治十三年（一八八〇）六月、内務省衛生局は「学校衛生概論」として海外事例を参照した学校の衛生に関する規範を示している。その構成は、第一位置及《および》造構、第二卓子及椅子ノ装置、第三採温及通気、第四採明、第五精神使用ノ度、第六運動、第七病毒予防から成る。この中の「第六運動」においては、

（前略）学校の児童には競争蹴鞠《けまり》の如き戸外運動を以《もっ》て最良の嬉游《きゆう》と為す。村落の学校に於ては殆《ほとん》ど体操を要せざるべきが如く游嬉を為すの便宜を得る者ありと雖《いえども》、市邑《しゆう》及《および》諸工場近傍の地の学校に於ては、女子は論なく男子なるも亦《また》或は戸外運動の便宜を得ざること少しとせず。此故《このゆえ》に市邑等に在りては体操を以て戸外の運動に代へ、以

て身体の発育を助け生徒をして強壮健全ならしむるの工夫を施すべし。但《ただし》体操場は頗《すこぶる》寛闊《かんかつ》にして日光の照透空気の流通充分ならしむべし。（後略）（『内務省衛生雑誌』二五）

として、衛生の観点からの児童の運動にすでに言及している。さらに審査会直前の明治十七年、東京府は、神田区を対象区域として「市街衛生上実地調査」を実施した。その調査内容は、「上水樋、井戸、飲用堀井、各種下水、裏長屋、総雪隠《せっちん》、芥溜《あくたため》、青物市場、牛乳搾取所、廏《うまや》、有害的着色品及び不潔物傍生営業者、学校劇場、寄席」など多岐にわたっているが、その調査結果を踏まえた対策として、「貸長屋建設条例」「塵芥溜及総雪隠構造法並掃除方改正条例」「府立小学建築条例」「府立小学体育条例」の四件の条例を提案している。この実地調査に関しては、のちにまた詳しく触れることとなるが、ここではこの東京府の衛生調査が学校衛生、さらには学校「体育」に大きな関心を注いでいたことに注目したい。その主意は、

（前略）運動未だ一定したる体操法の設けなし。元来各校共凡《すべ》て其生徒に智育のみを鞭奨して之に適合する体育の法を立てず。故に自然身体薄弱となり諸種の病を起す。（『東京市史稿市街篇六九』）

にみられるように、体育の充実による児童の身体の強壮化であった。そしてこの調査およ

び条例の提案は、当時東京府長の衛生課長であった長谷川泰によるものである。この長谷川が、先にもみたように私立衛生会において学校に近接させた運動場の設置を説いていることから、審査会における公園と小学校との関係は、当時の衛生行政全般の意向であったことも確認できる。

教育行政とのかかわり

ところで、学校との関係を論ずるからには、教育行政とのかかわりについても触れておく必要がある。入江克己氏の研究（『日本近代体育の思想構造』）を参考に概説するならば、明治初期における体育教育は、明治十年（一八七七）に体操伝習所に招聘《しょうへい》されたリーランドの体育論や、明治十一年に移入されたジョホノットの開発主義体育論をベースとした、保健的、予防医学的な体育観に立って、「普通体操」と呼ばれる軽体操を奨励していた。これが明治十年代後半以降から、初代文部大臣（明治十八年）となる森有礼《もりありのり》に代表される、開発（あるいは開明）主義的な姿勢を転換し国権主義的な忠君愛国と富強の精神を教育に組み込もうとする主張の中で、「兵式体操」の導入が図られることとなる。

あるいは、明治十八年（一八八五）には内閣顧問のテヒョウによって、形骸化した開発主義的な体操から、遊戯を取り入れた活動的で強健な身体の養成をはかる活動主義的体育の唱導が行われるなど、市区改正審査会前後の時期にあっては、学校体育のあり方における転換点にあった。事実、明治十九年四月の小学校令第十条においては、「体操は幼年の児童には遊戯、稍長《しょうちょう》したる生徒には軽体操、男児は隊列運動を交《まじ》ふ」として規定され、明治二十一年には隊列運動は兵式体操に改められる。さらに、明治二十三年の小学校令においては、各学校に体操場を設けるべきことが規定され、明治三十三年の小学校令にいたって屋外の体操場を備えなければならないこととなる。

この動きを東京の教育現場からみれば、組織的な運動の奨励という面では、明治十八年十月四日、東京府は「府下小学校体操術奨励」のために、神田区にあった体操伝習所の運動場を借りて、府下五七校の公立小学校から生徒を集め、「東京府公立小学校生徒体育奨励会」を開催している。これを初期の例として、明治十九年ごろには全国的に大学、師範学校、中学校、小学校を通して「運動会」が普及していくこととなる。また個々の学校の動向をみれば、たとえば日本橋区常盤《ときわ》小学校（図3内）では明治十八年に常盤橋内旧稲荷山を、二十年には呉服橋内土手際空地をそれぞれ運動場に当てている。これらは運動場が不足していたことの対策と考えられる。以上のことから、先の衛生論からの「自今公私立小学校に成るべく運動場を設けたく」との意見は、明治十年代末の教育行政の動向や、東京府における教育現場の実態とも合致した動きだったといえるのではないだろうか。

ここで再び私立衛生会に話を戻せば、「運動」に関する議論は、公園との関係に限られたものではない。明治十六年（一八八三）、まだ若き後藤新平《ごとうしんぺい》（衛生会幹事、内務省衛生局）は、「衣食住は上進して吾人の運命は退歩せしなり」と述べ、続けて明治以降の国民の衣食住の生活が徐々に向上しているにもかかわらず、「今人の壮年輩を古人の壮年者に比較すれば総《すべ》て体重減少体容萎小体力減少して操作労働に強弱の差あること甚《はなは》だし」（『大日本私立衛生会雑誌』二）として国民の「運命」を嘆き、そのために衛生法が社会に緊要であることを説いている。そして衣食住の清潔法の向上は「衛生の正理に道《よ》らずして虚飾」にすぎないとした。これを受けるように長与も講演している。

運動による国民の生産

（前略）肉体の強壮なるは灯油の火光に於けると同一理にして、精神を発揮するの淵源成れば運動労作を力めて筋肉の発成を逞しくするときは其《その》淵源深遠にして剛毅忍耐の結を養ふを得べし。故に健康なる人殊《こと》に児童少壮の時に在ては、可成的身心を鍛錬して随分衛生上有害の事物にも耐へ得る程の習慣を積成するを必要とす。而《しか》して身心を鍛錬するは運動を以《もっ》て第一の要訣《ようけつ》とす。（後略）（『大日本私立衛生会雑誌』二）

後藤のいう「衛生ノ正理」は運動による身心鍛錬だとしたのである。これ以降明治十年代の『大日本私立衛生会雑誌』誌上には、国民の身体や習俗の形成にまつわる、運動、体育、その他生活作法等の議論が頻出する。このような国民の身心を矯正《きょうせい》し啓蒙する衛生論の延長に、審査会の公園計画の一端は位置づけられるのではないか。この基層にある考えは何か。それは大日本私立衛生会発足時の会頭であった佐野常民《つねたみ》の言葉に端的に示されている。

（前略）夫《そ》れ一国は一家の積なり。一家は一人の積なり。吾人《ごじん》各自の健否は我国貧富強弱の関する所なり。衛生の法豈《あに》講せざるべけんや。（中略）我邦人の労作欧米人に及ばざるの結果を知らんと欲せば、歳入と人口との比例を見るに如《し》くはなし。英国の歳入を其《その》人口に比すれば、一人毎《ごと》二十一弗《ドル》、仏は十七弗（中略）。而《しこう》して我国の如きは二円に満たざればわづかに洋銀一弗余に過ぎざるなり。（中略）歳入の彼に及ばざるものは他なし。人民の資力薄少なるなり。資力の薄少なるは労作の不足なるなり。労作の不足なるは身体の尫弱《おうじゃく》に由らずして何ぞ。（『大日本私立衛生会雑誌』一）

衛生家の考える運動、鍛錬の場としての公園は、つきつめれば富国のために国民一人当たりの生産力の増大をもくろむ衛生論の一端を担っていたということになる。そしてこの国民一人当たりという認識眼は、一方では均質な国民という概念を前提とし、他方では常に参照されるべき他者（多くは「外国」）を前提とした国民国家形成のための近代の物差しであった。これは公衆衛生学の基本的手法（たとえば人口当たりの疫病発症率等の統計分析手法）であるが、このような衛生観に立つ長与らが審査会の公園計画で示した思考法は、その後衛生行政が公園緑地には直接かかわらなくなったあとも、現在まで「一人当たりの公園（緑地）面積」という計画手法として、公園緑地行政における重要な概念として極めて大きな影響力を残し存続しつづけることとなる。

自由民権運動と公園計画

次に、審査会の公園計画として、学校と連携させた配置とともに着目される小遊園と警察署との配置の関係について、その背景を検証してみたい。

警察からの発言

先述の審査会の調査委員とのかかわりでいえば、当然ながら警視庁の立場で審査会に出席した二等警視小野田元熙《もとひろ》との関係が想定される。小野田は、長与《ながよ》が公園設置の提案を行った第二回の審査会で長与の公園提案を受けて、明治十一年（一八七八）の街路取締規則によって路上での遊戯が禁止されていることや、防火の観点から公園の必要性に賛同し、続けて述べた。

（前略）一言陳《の》べ置きたきは、先年巡査派出所配置以来之《これ》を経験するに其《その》便益とすること最も多し。然《しか》るに今日其《その》箱番所の位置に苦み、現今の所にては止むを得す之を四辻等に設置しありとも雖《いえど》も、元来道路に突出なし居りては甚《はなは》だ不都合なるに依り、小園地を調査せらるる際派出所敷地として適当の場所を選み三四坪位《くらいずつ》宛指定し置かれたし。其《その》配置箇所は他日図面を製し呈すべし。是れ警視庁の委員として実に希望する所なり。(『東京市区改正品海築港審査議事筆記』)

この発言で小野田が言及している派出所の配置図面は残念ながら見つかっていない。したがってこの発言がどのように公園計画に活かされたのかを直接検証することはできない。小野田のこの発言はあくまで申し添えとして、派出所設置のための僅かなスペースの提供を小公園の敷地に求めているだけである。しかし実際に小野田を含む調査委員が報告した計画では、小遊園の位置は派出所ではなくその上位機関である警察署の位置に関連づけられているのである。特に小遊園が重点的に配置された神田区・日本橋区・京橋区についてみれば、ここに存在する五つの警察署のすべて(小川町・和泉橋・久松・坂本町・京橋各警察署)が小遊園の敷地に重なるか、接するか、近隣に位置している。この公園計画と警察署の関係をどのように考えるべきだろうか。警察関係者が直接その思想を語る場は私立衛生会や衛生行政のようには多くなく、史料は限られる。そこで、ここでは当時の社会状況と警察の対応のかかわりから間接的にこれを考察することとなるが、ここでは特に自由民権運動に対峙《たいじ》する警察行政、警視庁の動向に着目した。

明治十年代の社会情勢と警察

西南戦争以後明治十年代において、国会開設運動が広まるなかで高揚していった自由民権運動への対応を政府、警察は迫られていた。さまざまな政治結社の運動の実質的な手段は、演説会、すなわち「政談演説会」と呼ばれるものだった。この政談演説会をはじめとする政治的集会を規制するものとして、内務省は明治十一年（一八七八）から集会取締体制に着手し、集会の届け出の義務や警察官の立ち会いなどを取り決めた。これを強化したものとして、政府は明治十三年集会条例を制定した。この条例の第九条で、屋外集会は禁じられた。

第九条　政治に関する事項を講談論議する為《た》め、屋外に於て公衆の集会を催すことを得ず

集会の開催を屋内に閉じこめ、屋外で行うことを禁止する狙いは、それだけ暴動、騒《そう》擾《じょう》、内乱に繋がりかねない屋外での集会を体制側が恐れていたということにほかならない。これに対し民衆の側は、改正により厳しさを増す集会条例の裏をかくように、明治十五年ごろから集会の名称を「懇親会」とか「運動会」と変えて新しく活動を展開しつつあった。懇親会や運動会などと称しいわば偽装して屋外で政治集会を行う事例が出てきたのである。こうした状況のなかで明治十八年六月、内務省警保局は、『警務要書』と題する警察執務に関する参考書を編集した。上下二巻にわたり、上巻は警務に当たる通規および通務、下

巻は具体的執行にかかわるものであった。この下巻の構成は、
第一篇・安寧警察／第二篇・宗教警察／第三篇・衛生警察／第四篇・風俗警察／第五篇・営業警察／第六篇・河港警察／第七篇・道路警察／第八篇・建築警察／第九篇・田野警察／第十篇・漁猟警察
となっており、「安寧警察」を冒頭に掲げるこの要書の構成自体が、当時の内務省、警察の姿勢を端的に表している。そしてこの「第一篇・安寧警察」の内容をさらにみれば、
第一章・集会／第二章・出版及び新聞紙／第三章・贋造《がんぞう》貨紙幣／第四章・嘯聚《しょうしゅ》暴動／第五章・鉄砲、弾薬、附刀剣類（以下略）
まさに、「集会」の取締りに警察が最大限のエネルギーを注いでいたことを見てとることができる。屋外集会はすでに禁じられていたが、さらに第一章の項目をみると、
第一章
（十）政談の集会は屋外に於《お》いて為《な》すを得ざるものなれば、仮令《たとい》小屋掛等あるも外部より自由に聴聞《ちょうもん》するを得べき場所は屋外と同視し、之《これ》を禁止すべし
という大変厳しいものであった。政府はさらに規制を厳しくし、ついには明治二十年には反政府運動の弾圧法といえる保安条例を制定した。

監視の窓としての公園

このような流れの中での審査会当時の首都東京の動向をみると、明治十八年（一八八五）の警察統計によれば、府下で政談演説会を取り締まった警察署は、件数の多い順に浅草猿屋町、小川町、芝愛宕町、京橋、坂本町の各署であった。審査会の計画ではこのすべての警察署の位置に連携して、公園が配置されている。警視庁は、公園が屋外集会の場となることを懸念していたのではないだろうか。事実、明治十五年、先に挙げた「懇親会」の一つの例といえる「車夫懇親会」は、芝公園地を会場の一つに使用している。このような公園を政治集会の場として使用しようとする動向をにらんで、警視庁の立場としては、公園を警察署に併設して配置することで、公園内での活動を監視、威圧、牽制し、公園が屋外集会の場になることを防ぐことを意図したのではないか。

近代化のなかで公園とは、都市の衛生や美観からは求められるべきものであったが、国家の公安からみれば疎《うと》まれるものであるという矛盾を孕《はら》んだ存在であったといえる。不特定多数の人の集まることのできる空間を国家が嫌うことは、現在の日本ではやや忘れがちではあるが、たとえば海外に眼を向ければ天安門事件（一九八九年）など思い起こせば過去のものだけでないことは明らかであろう。審査会での小野田の発言、「先年巡査派出所配置以来之《これ》を経験するに其《その》便益とすること最も多し」の「便益」には、大日方純夫氏も指摘する民衆監視システムの末端を担う派出所（「自由民権運動抑圧体制の編成」『歴史評論』四〇五）の有効性という含みもあると捉えるべきである。調査委員の小野田の手で、この監視システムは派出所から警察署のレベルにまで強化され、審査会に提出されたのではないか。このような公園配置計画の内に仕組まれた警察の「監視の眼」を裏付ける事実として、著名な貸座敷であった浅草井生村楼《いぶむらろう》敷地への公園計画が挙げられる。

隅田川の西側に面する浅草須賀町にあった井生村楼は、明治七年創業の貸座敷業で、明治十一年から政談演説会の会場として頻繁に使用されるようになった。明治十四年の時点で東京府下で政談演説会が最も多かった所管警察署は浅草の猿屋町警察署であったが、その半数以上は浅草井生村楼で開催されたものだった。井生村楼は府下政談演説会の中心地であったといえる。明治十八年の統計でみても猿屋町警察署の扱い件数は、府下全体の八五％（府下総数二五六件中、猿屋町警察署所管分は二一八件）を占めていたが、その井生村楼の土地に調査委員らは小遊園三十七番「浅草瓦町新架橋脇」を計画していた。警視庁のテコ入れを受けた公園計画は、公園に監視の目を張りめぐらせたばかりでなく、有力集会場の抹消をも狙っていたものと考えられる。集会場を潰すのにそこを公園にする必然性はなくとも、警察関係者の視点で猿屋町警察署周辺の公園候補地を探す作業が仮に行われたとしたのならば、演説会のシンボル的存在であった井生村楼の敷地が候補に挙がったのは自然な流れであったのではないだろうか。

警察の公園観

このような国内の社会情勢および東京における警視庁の動向に着目すると、先に審査会の公園の配置の特徴としてみた、橋脇に多く設けられた小遊園についても「警察の眼」の可能性が指摘できる。警視庁は府下の民衆動向と同時に、全国より政治運動のために上京する自由民権家や壮士たちの動きに眼を光らせていた。そのために旅人宿《りょじんやど》規則に始まり、宿屋営業取締規則、止宿人《ししゅくにん》届規則などにより人の移動が規制され掌握される一方で、地方でのいわゆる「激化事件」、たとえば明治十七年（一八八四）の加波山《かばさん》事件に際しては、事件関係者が東京府内に潜入したとして四宿《ししゅく》の他、万世《まんせい》橋《ばし》、浅草橋などの交通の要所で通行人に対する警察官による取調尋問が行われた（『東京日日新聞』明治十七年十月六日）。万世橋、浅草橋はそれぞれ審査会で「万世橋内広場」「万世橋外」「浅草橋内広場」として橋脇に公園が計画されたところであるが、設定された小遊園の一部にはこのような検問所としての機能が見込まれていたのではないか。もちろん以上の警察にかかわる考察は、衛生行政とのかかわりに比べれば史料に乏しく憶測の域を出ない部分が多いが、審査会における公園計画には、警察、特に公安警察という国事を司《つかさど》る反政府運動への対処の立場から、監視の眼を光らせるシステムが編み込まれていたことを可能性として指摘しておきたい。

審査会の公園計画は、それ以前の太政官制に従った公園を支えた土地経営論とは位相や目的のまったく異なる、都市の衛生論を基盤に公園を空地および運動場として捉える科学的合理的精神を反映させた、近代の出発点といってよい計画であった。だが同時に当時の共時的な都市問題、社会情勢（学校運動場の不足や屋外集会の規制）への問題解決の道具として利用され、たとえば警察の立場からは公園は否定的に捉えられ、都市計画の出発点においての公園観は必ずしも統一的ではなく、さまざまな主体の眼差しが交錯する形で矛盾を孕んでいたことも事実である。いずれにしろ審査会の構想した公園は、単なる遊観地だけではなくさまざまな社会的役割、つまるところ近代の国民国家形成のための一装置としての役割を担わされていたということができる。

都市計画の中の公園

明治二十一年東京市区改正委員会

市区改正委員会

明治十八年（一八八五）十月に審議を終えた審査会をうけて、内務卿《ないむきよう》山県有朋《やまがたありとも》は太政官《だじようかん》に上申し、審査会案の了承と内務省内への東京市区改正局の設置の認可の二点を求めたが、これは太政官の認めるところとはならなかった。それは内務省主導の市区改正が、外務省が独自に進めていた、不平等条約改正のための交渉材料としての、臨時建築局による官庁集中計画の動きと背反する関係にあり、このうち官庁集中計画の方を政府は支持したからであった。しかし結局、条約改正は失敗に終わり、外務大臣兼臨時建築局総裁であった井上馨《かおる》は明治二十年九月、この両職を辞任する。そして二年をへて市区改正の動きは復活する。軍拡のさなかにあっての民力休養論や、反欧化主義を掲げる元老院の反対決議をおしきって、明治二十一年八月十六日、内務大臣山県は東京市区改正条例の公布を強行した。これにより法的な実行の保障を得て、再び芳川顕正《よしかわあきまさ》（内務次官）を委員長とする「市区改正委員会」が組織され、明治二十一年十月五日より二十二年三月五日まで二八回の審議をへて、市区改正委員会案（のち明治三十六年に修正される「市区改正新設計」案に対比させて「市区改正旧設計」案と称することもある）が成案となる。基本的にはこの委員会は審査会の成果を原案として、道路、橋梁、河川、遊園その他について逐次審議を行い修正を行ったものであり、遊園（公園）については第八、九、十五、十七、二十三回の会議の中で審議が進められ、案が確定する。したがって委員会案では、審査会案がどのように修正されたか、という点が注目される。

委員会の公園計画

まず全体の概要について把握したい。委員会では遊園の大小の区別がなくなり、すべて「公園」の名で統一され、公園数でみると審査会案（大遊園九、小遊園四三）の約半数が入れ替わり計四九公園が決定された（図4）。また、公園が配置された分布域は、市区改正の対象区域自体が面積にして審査会時の倍に拡張されたのにともなって大きく拡げられた。審査会案では、遊園が配置されたのは一五区のうち九区であり、特に小遊園では神田区、日本橋区、京橋区、浅草区などの都心部、人口密集地に約七割が集中的に配されていたのに対し、委員会案では一五区中、麻布区を除く一四の区に行き渡り、さらに周囲の三郡にも拡大している。そして都心部の公園は減少

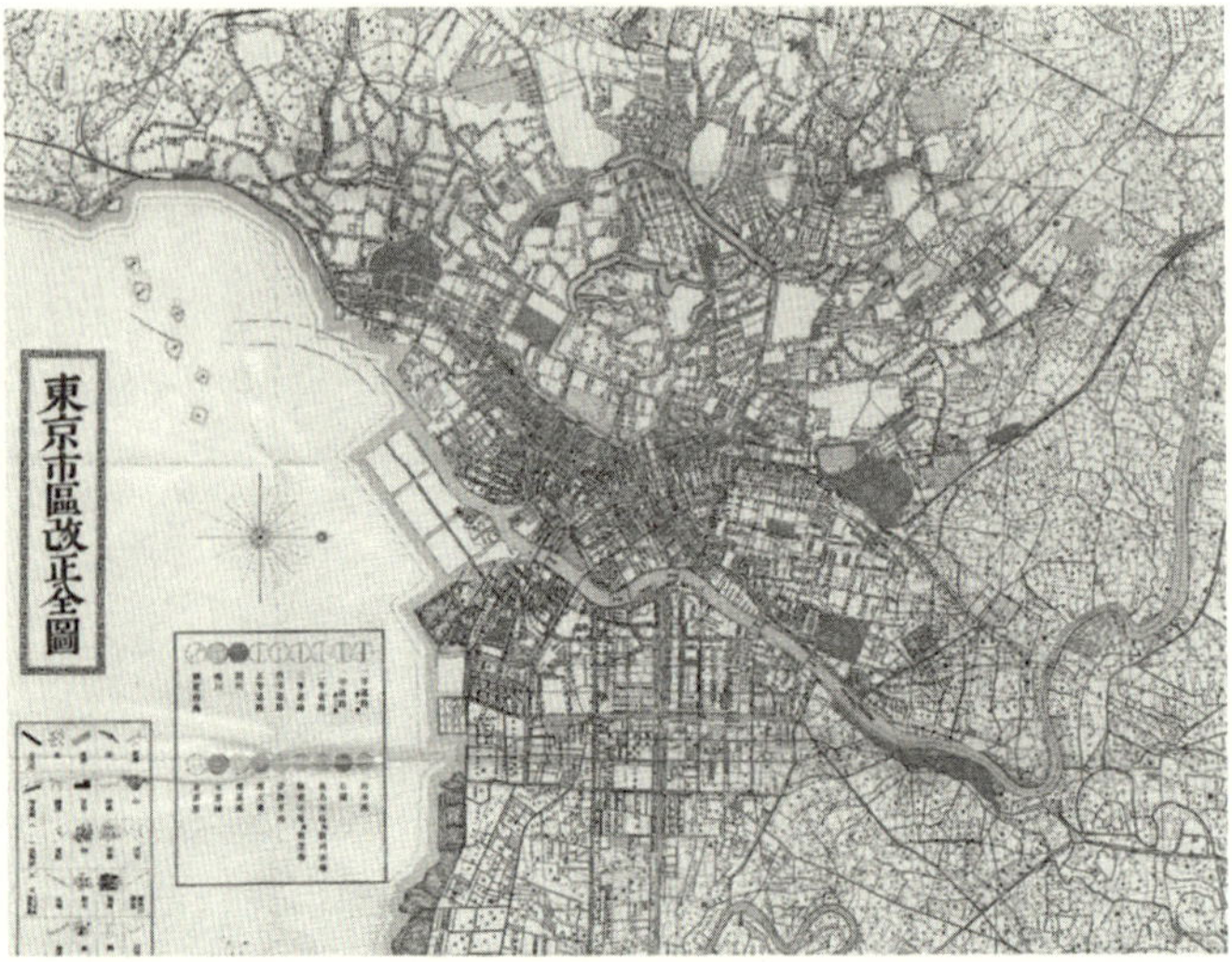

図4　東京市区改正委員会の計画図（「東京市区改正全図」）

し、特に京橋区では審査会案で八ヵ所あったものがわずかに一ヵ所と減少した。

また、神社が公園として多く設定された点も特徴である。審査会案では全五二公園中神社は九ヵ所であったが、委員会案では全四九公園中二五ヵ所と、半数以上が神社を公園とする計画であった。さらにそのうち五つの公園については神社境内に加えて「上地官林」を公園敷地として編入している点も特徴である。以上が委員会の公園計画の概要であるが、これらの特徴の背景を以下にみていきたい。なお審査会案でみられたような小学校や警察署の配置とのかかわりは希薄となっている。

名称の統一

まず最大の特徴は審査会が大遊園・小遊園という区別を行っていたのに対し、委員会はその区別をなくし、「公園」として同一に扱っていることである。委員会の審議記録をみると、

四番福地　遊園の名称を大小に区別せず、大遊園を公園と称し小遊園を単に遊園と称する方可ならん。元来小遊園は（スクエール）又は（ガーデン）の類を意味するものなればなり。
十九番銀林　遊園とせず公園小公園となしては如何。
七番武藤　大小を区別せず単に公園と称すべし。
二番須藤　十九番銀林四番福地　七番の説を賛成す。
（中略）
四番福地十九番銀林　小遊園の名称は単に公園と改むべし。
委員長　異論者なく公園と修正することに決し是より第二次会の修正案を一項づつ朗読せしめん。（『東京市区改正委員会議事録』）

と、特段の議論をへずに可決されている。唯一持論を述べている福地《ふくち》（桜痴《おうち》、源一郎《げんいちろう》）の最初の提案は、「公園」を“Park”と捉え、「遊園」を“Square”“Garden”と捉える考えにもとづいていると思われ、海外事情にも通じた福地ならではの指摘ということができ

る。結局福地もすべてを公園と一括して称する提案に同調し、この案は消えてしまう。そして、委員会案が、はじめて都市計画としてオーソライズされた計画であることを考えれば、現在わが国で、西欧でいえば"Park"や"Square"や"(public) Garden"に相当するものを、ほとんどすべて「公園」と呼ぶ習慣は、このわずかな討議によって決められたものということができる。現在一般的には、「公園」は"Park"の訳語として定着しているが、わが国において「公園」がもつイメージと、西欧において"Park"がもつイメージとが大きく隔たっていることは、ここに由来していると考えられ、もしも福地の最初の提言が採用されていたならば、現在の公園、遊園などの認識も異なっていたはずであり、わずかな議論が、意外にも後の時代に強い影響を与えている事実をここにみることができる。

では、すべてを公園とした理由は何か。唯一それを語るのは、明治二十二年（一八八九）三月二十三日に委員長芳川が内務大臣松方正義《まつかたまさよし》に提出した『市区改正委員会決議復申』に付された資料の「東京市区改正委員会決議要略」に「但、審査方案に大小遊園の区別あるも、遊園地に執行すへき諸規則等は別に定むへきを以て大小の文字を削り単に公園と改め」と示されているだけである。遊園という名称が遊園地と混乱することを避けたとみることができ、極めて行政手続き論的な処置であったといえる。ただし当時遊園地という公的な名称があったかどうかは不明である。遊園地を遊戯場と解釈するならば、たとえば前章で取り上げた『警務要書』においても、遊戯場は風俗警察に属し、公園は道路警察に属し、別途の取締規則があったことからも、管理上の混乱を防ぐ意図であったことが推測される。

郊外への公園配置

配置の特性にみられる郊外への拡大に関しては議事録に若干手がかりがある。委員会の冒頭、まだ論議が個別の施設に及ぶ以前、委員長の芳川は計画区域の設定に関連して、以下のような発言を行っている。

> 委員長　市区の改正とは、単に読で字の如《ごと》く郡部に亘《わた》る可《べか》らざるや甚だ明かなり。然《しか》れども四宿《ししゅく》の区部に於けるや其名は郡なりと雖《いえど》も、人家相連り彼此《ひし》日に相往来せざるを得ざるや。毫《ごう》も区部に異なる所なきのみならず、其《その》飛鳥山御殿山大久保向島等の如きは府民のために一日も欠可《かくべか》らざる勝游の地たり。若《も》し其《その》地籍郡部に在るの故《ゆえ》を以《もっ》て市区改正の範囲外に置くときは、区内車馬利便なるも区界に至れは頓《とみ》に徒歩の労を取らざるの不利を蒙るに至るべきなり。故に改正の市区は縮めて十六方英里となしたるにも拘《かか》はらず、其場所々に連る所の道路等は改正の区域に入れて計画なしたり。（『東京市区改正委員会議事録』）

このうち「大久保」が何を指しているのか、西向天神、あるいは旧戸山邸などが考えられるものの不明ではあるが、それ以外の飛鳥山、御殿山、向島などは、明らかに江戸以来の名所である遊楽地を指し示していると思われ、委員長芳川の構想には、委員会の当初より、これらを遊園（公園）に組み込んだ計画があったものと思われる。実際これらは後の遊園の審議の中で、飛鳥山公園、向島公園として提案され成案となっており、御殿山も提案されたがこれは否決されている（ただし近辺で高輪公園、品川公園が決定されている）。また大久保付近では高田八幡社が高田公園と決定されている。これらのことから、郊外の遊楽地という限りの意味においては、ある種伝統的な名所空間を採用した計画の思想を読みとることができる。

配置と財政的要因

次に、郊外への公園の拡大の背景として、地価の面からみた経済的要因がすでに知られている（『日本の公園』）のでそれを確認しつつ、また配置計画にどのように影響しているかについて検討したい。まず公園全体の経費の総額を比較しても審査会二八七万円に対し委員会案一六七万円と、明らかな緊縮ぶりが窺《うかが》えるが、個々の場所との関連にも注目する。

委員会の審議は第一次会（明治二十一年十月十六日・十八日）、第二次会（同年十一月五日）、第三次会（同年十一月十七日）という三段階で行われ、審査会案の小遊園についてはおおむね第二次会で、大遊園については第三次会で委員会案の公園として可決にいたっている。小遊園について、これらの経過および委員会の残した概算費用一覧（『東京市区改正費用概算総計比較第七表』）をもとに、原案のまま存続させられた公園、削除された公園、移転のため削除となった公園、および委員会で新しく追加された各公園、について取得経費（土地買い上げ価格と建物移転料の合計）および土地の坪単価を整理してみた。

その結果、土地取得経費、およびその坪単価ともに、原案存続のものと、削除されたものおよび移転されたものの間には大きな開きがある。削除されたものに比べて存続したものは、平均値でみても必要経費で四分の一から五分の一、坪単価で二分の一から三分の一である。委員会の公園選定は、極めて「安価」な公園選びであったことがわかる。このことは、委員会で追加された公園の数値にさらに明確に現れ、追加されたものは半数以上が土地および建物移転の経費が不要のものであった。

次にこれを都市空間内の配置との関係からみると、都心部の遊園がおおむね削除の対象となり、郊外側のものが存続している。そして新規追加されたものは、審査会案のうち存続となったもののさらに外側に、多く分布している。都心を中心とした同心円状の地価分布を想定すれば、委員会案の郊外への拡大の背景の一つが、土地取得費用、すなわち地価との関係と切り離しては考えられないことが確認される。さらに郊外に分布するものの多くが経費不要の神社境内であることから、神社の公園化との関連性も示唆される。しかし、郊外への拡大、安価な公園、神社の公園化の三つが密接に絡んでいることは指摘できても、これらの関係の主従などについては、残念ながら今のところよくわからない。ここではこの神社の公園化と上地官林の問題をみておきたい。

神社の公園化

神社を公園とする背景には土地取得費用の低減を計った経済的要因があったと考えられるが、官地を公園に充てるにしてもなぜ神社だったのか。これは浅草公園を代表例にみる、公園を借地収入を得るための財源として捉える東京府が、委員会において財源になる「盛り場」的空間として神社の公園化を押し進めたとの指摘がある。行政の財政上の思惑が、神社の公園化につながったということであるが、審査会から委員会にいたってより実現可能な計画案が求められてくるに従い、都市計画の構想の中で都市の理想像から公園が設定されるのとは異なる論理で公園計画が立てられた事態と見てもよいであろう。公園の必要性そのものは近代都市計画の論理に位置づけられても、それを実行する論理はまた別途必要で、それは太政官制の公園と同質のものであった。あるいは内務省主導の審査会、そして委員会というより高次のレベルでの議論と、実際に公園経営を行わなくてはならない東京府の議論の二つのレベルの折り合う帰結点は、すでにシステムとしてあった太政官制公園のような伝統的空間の読み替えによる公園であったという言い方もできる。

また神社の公園化の提案に関しては、審議中に行われた次のようなやりとりにも着目したい。

公園　第二十六白山公園　小石川区白山神社　二千八十二坪
二十五番芳野　白山の脇なる官林を加ふることに為《な》したし。
十九番銀林　官林は宮内省に引渡すことになり居《お》れとも上野を公園に為したる例に依り此《この》公園中に編入し得るなれば編入為したし。
委員長　官林と雖《いえど》も必要なれば公園に編入為して妨げなし。

（中略）

十九番銀林　本項には関係あらざれども、議定になりし公園に接する上地官林は悉《ことごと》く公園区域に編入することに決し置かれたし。
二番須藤　四番福地　二十五番芳野　十九番の説を賛成す。
委員長　十九番の説に同意者は起立あれ。（総起立）
然《しか》らば公園に接近する上地官林は悉く公園に編入することに決して而《しこう》して本項に対し説なくば次に移らん。

このようにして委員会は、神社である高田、白山、湯島、根津、王子の各公園について、面積にして五公園の四分の一にあたる上地官林の公園編入を決定している。まずこの審議の中で特に注目されるのが、東京府書記官の銀林綱男が触れている宮内省の山林、すなわち御料林に関する件である。

御料林の公園編入案

明治十四年（一八八一）の政変以降、一〇年後の国会開設を約束した政府は、国会に左右されない皇室の体制づくりと、その重要な基盤である皇室財産の確立を急いでいた。明治十七年伊藤博文《ひろぶみ》が宮内卿《くないきょう》に就任してからは、この実現に大きく動き出し、明治十八年十二月二十三日、内閣制度発足の翌日、総理大臣兼宮内大臣伊藤は、宮内省に御料局を設置して皇室領の受け入れ体制を整えた。明治二十年十月より、宮内省は農商務省山林局と協力して御料地中の主力となる官林および官有林野について調査を始め、明治二十一年五月四日、宮内大臣は内務・農商務大臣に対して官有林の御料地編入につき照会している。その結果、明治二十一年十月三日、京都府以下一三の府県の計約九〇万余町歩が御料地編入箇所として閣議決定された。このうち、東京府にもわずかであるが五九余町歩が指定されている（『帝室林野局五十年史』）。

この日付は第一回の市区改正委員会のわずか二日前であることに注目したい。東京府内のどの官林が、御料地への編入を予定されたものかはわからないが、上の「官林は宮内省に引渡すことになり居れ」という銀林の発言からみて、委員会で公園への組み込みが提言された先記の神社に接する官林が、この中に含まれていた可能性は高い。実際には、つづく十月十九日、先の九〇万町歩のほかに御料地に編入すべき官有山林原野の調査などを行う「官林官有地取調委員会」が、農商務相井上馨を代表として設置され、この検討の中で東京府の官林は結局控除されることとなる。したがって委員会の公園審議の時期は、御料地のまだ検討段階の最中であったことになるが、それでは、この段階で御料地を公園に編入することにはどのような意味があったのであろうか。

ややや時期が前後するが、先の取調委員会の答申を受けて決定した明治二十二、二十三年に大量に編入される関東、東北所在の御料地は、その管理方法に各地方の慣例もあることから、これを各地方長官に委託することとなった。そして明治二十三年の勅令により、「地方長官は宮内大臣の委託に依り御料地を管理すべし。其管理に係る費用は皇室の支弁とす」と、定められた。御料地の管理の委託という形であれば、維持管理費を負担する必要がなかったわけである。委員会の公園審議の時点において、この方針がどの程度定まっていたかはわからないが、考えられる可能性としては、公園の空間的拡大と経費の節約を同時に達成できる手段として、御料地を公園に取り込むもくろみが銀林にあったことは否定できない。

また、社寺の上地官林という観点からも、当時の状況を把握しておく必要がある。明治四年（一八七一）以降、社寺領は境内地以外をすべて接収する方針で上地《じょうち》を命ぜられた。この社寺上地林は官林に編入され、地方庁の管理下におかれたが、一部は早く民間に払い下げられ、乱伐を招き森林荒廃の問題も起こった。明治十七年十一月、政府は上地林を直接管理するよりも、社寺に委託して保管させるほうが得策と判断し、「社寺上地官林委託規則」を決定した。これは委託官林の保護栽培およびその費用を社寺の負担とし、そのかわり落葉などの採取や、建築修繕用などの条件を限り竹木の払い下げを認めるものであった。しかしその実施の結果は、社寺が目前の利に走って伐木する事態を招いたため、さらに政府は明治二十一年十一月二日、山林局長より府県に対し、その管理を厳しくする注意を促し、委託にふさわしい社寺のリストアップを指示する通牒を発した。これもまた委員会の公園審議中の出来事であるが、この中で選び出す社寺に関して、「社寺の風致装飾に関係を有し保存せざるを得ざるもの」として、社寺の風致を維持されるべきものとして掲げていることは注目される。委員会の公園審議において、社寺の「風致維持」という観点からも、上地官林の編入が計画されたと考えることができる。なお、先の「社寺上地官林委託規則」は明治二十四年に改正されるが、御料地にかかわる社寺の上地官林に関しても、宮内省はこの規則に準じる告示を出すことと

上地官林の公園編入

なる。

以上のように社寺の公園化にともなう上地官林の公園への編入は、当時同時並列的に政府内部で検討の進んでいた、御料地の編入問題や、社寺上地官林の管理問題とも密接に絡んだうえでの、東京府からの戦略的ともいうべき提案であったということができる。ただし、たとえば湯島神社とその上地官林は敷地として離れて空間的関連が薄いことなどからみると、この上地官林の編入は、公園の風致維持という目的よりは運営財政上の問題によりかかわっていたとみられる。

このようにみてみると、市区改正委員会の議論には、審査会時には活発であった公園とはいかなる存在なのか、どうして公園が必要なのか、という関心はすでになく、それは所与のものとしたうえで、それをどうやって実現させていくかという実行計画と技術的手続き論に終始しているかに見える。しかしはたして公園計画を推し進める思想は本当にそれだけであったのであろうか。たとえば審査会であれだけ支配的であった衛生行政の関与は消えてしまったのだろうか。

公園配置案の特異点

ここで、市区改正委員会案における公園の配置にもう一度戻って注意深くみてみたい。図5は、審査会の遊園および委員会の公園の配置箇所数を、行政区とのかかわりから整理したものである。全体に審査会では都心（神田、日本橋、京橋区）に集中して配置された公園が郊外へ拡大する様子を示しているが、委員会案を細かくみると、全体の中では神田区に最も多いことがわかる。これは集中という程度ではないものの、審査会案においては神田区同様に多く配置されていた、日本橋、京橋、浅草各区の個数、割合ともの減少から比較すると、特異な結果といえる。都心部の減少と郊外への拡大という傾向は、よくみると部分的には当てはまらないことがわかる。さらに神社境内が半数を占めた全体の傾向の中で、神田区においては神社は七ヵ所中二ヵ

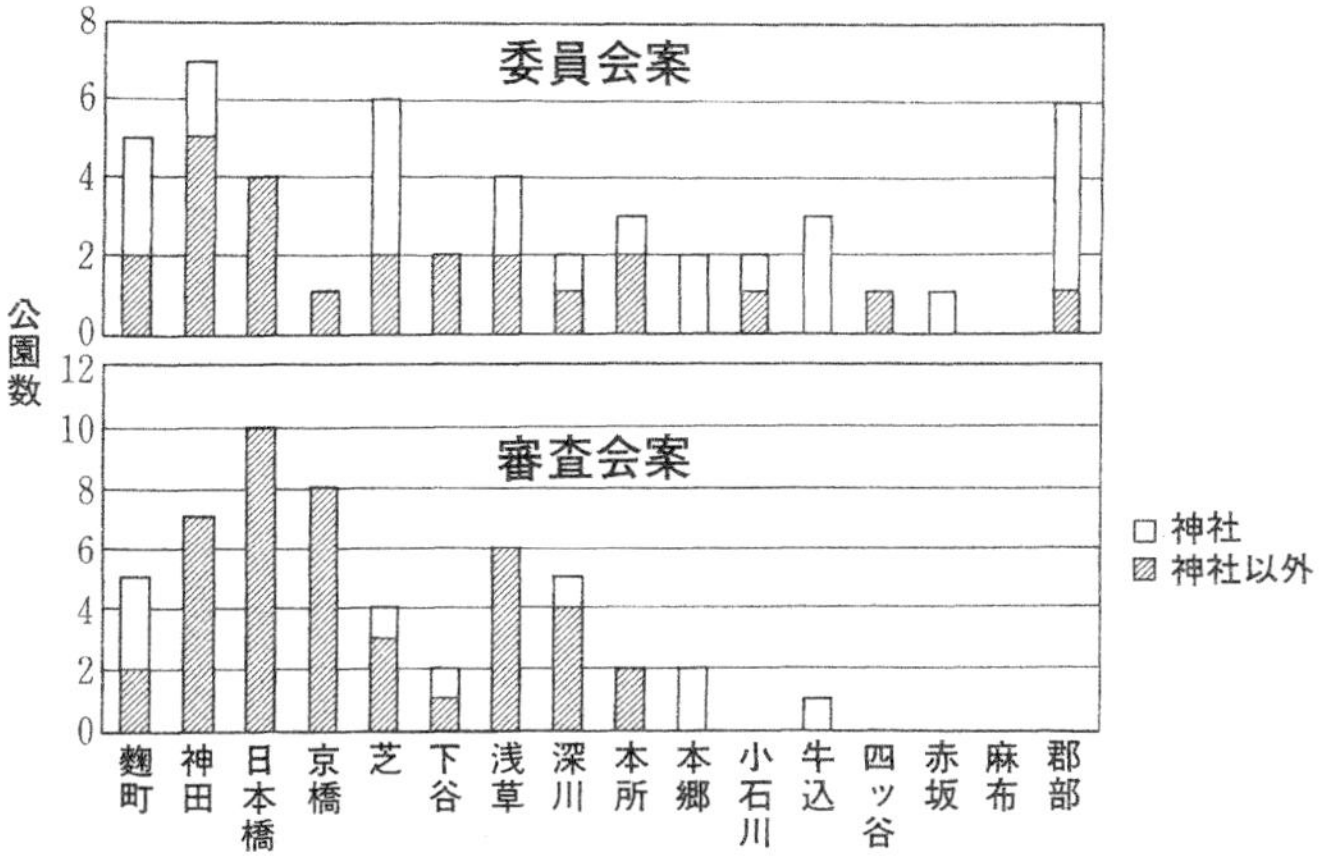

図5　市区改正審査会と委員会における行政区ごとの公園数

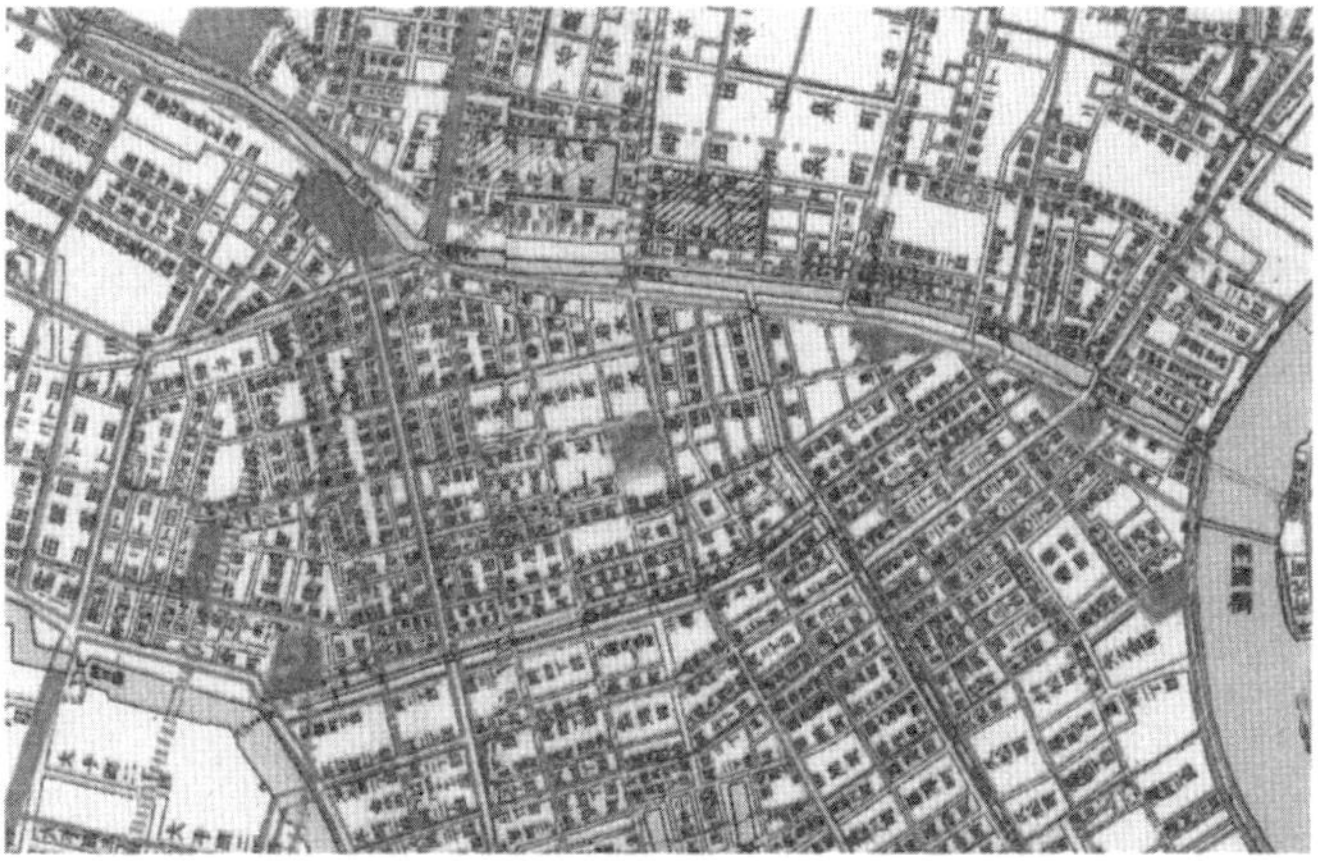

図6　神田区附近の委員会計画図（「東京市区改正全図」より一部，塗りつぶし部が公園，左より皆川町，千代田町，萬世橋，御玉ヶ池，美倉橋，浅草橋，矢ノ倉の各公園）

所にすぎない。神田区に次いで公園数の多い芝区、麹町区、郡部などで神社の比率が高いことと比べても神田区の特異さが目立つ。

さらに配置図（図6）をみても、たとえば神田区内の第十五番皆川町公園と第十六番千代田町公園はわずかに一〇〇間（約一八二メートル）程度しか離れていない。ところが委員会の議論において、たとえば「第三　今川小路」および「第四　駿河台富士見坂」は、

六番角田　九段坂にも遊園地ありて今川小路には要せずと考ふ。依て削除為《な》したし。

あるいは、

十五番桐原　神田川を隔てて立派の公園あれば、是《これ》は無論《むろん》削除為して可なり。

など、公園相互の位置関係を考慮したうえで削除されている。つまり委員会には公園分布のバランスを計る意識を明確にみることができる。にもかかわらず、その近くの皆川町、千代田町という二つの公園を一〇〇間程度の距離に配置している。さらに皆川町、千代田町両公園とも必要経費あるいは地価が決して安くはない。ここにはなんらかの別の意思が働いてこのような計画が成立していると考えざるを得ない。神田区、という場所に何かヒントがあるようである。

神田区の衛生実地調査

そこで思い出されるのが前章で触れた明治十七年（一八八四）の神田区の衛生実地調査（「神田区内市街衛生上実地調査」）である。この調査はわが国最初の近代下水道である神田下水の整備にかかわっていると考えられている。内務省衛生局は明治十年より府県に対し便所等の清潔法について指導、東京府に対しても明治十一年、井戸の改良等を促していた。明治十六年四月、東京府に対し、内務卿山県有朋より水道溝渠《こうきょ》改良にかかわる測量の着手に関する示達があり、さらに山県は「東京市街汚水渠改良」について、補助金の下付を太政大臣に伺い出、これが聞き届けられたのを受け、明治十七年四月、東京府にその旨を伝えている。

これを受けて、同年六月には、下水改良の施工場所を協議するため、府知事の主唱により東京府庁において、内務省衛生局長（長与専斎《ながよせんさい》）との会議がもたれている。そして同年十一月、東京府知事芳川は府下の溝渠改良の件について、

（前略）改良緊急の箇所取調候処、神田区通鍋町鍛冶町《かじちょう》以西竜閑《りゅうかん》町新町以北等の地は人家稠密《ちゅうみつ》にして溝渠の疏通甚不宜《はなはだよろしからず》、従来悪疫流行等の際に方《あた》りて此地患者常に多きは蓋《けだ》し汚水溜滞甚不潔成るに起因せるものと被相考候《あいかんがえられそうろう》に付（後略）（『東京市下水道沿革史』）

とのことで神田区の一部地区から着手したい旨を内務卿に伺い出た。これに対して同月内

務卿より指令があり、ここに神田下水の第一期工事が実施にいたっている。また、先の「神田区内市街衛生上実地調査」は十七年七月に着手されており、六月の長与および東京府の会議をへて、神田区への衛生工事の実施が検討され、そのための現況調査としてこの調査が行われたものと思われる。

神田下水の顚末

このあとの神田下水に関する動きを追ってみると、明治十八年（一八八五）五月、東京府知事芳川は、内務卿松方正義《まつかたまさよし》に対し、十八年度における十七年度同様の補助金の下附を上申し、若干減額されたが七月には指令を得て、神田下水の第二期工事が着手された。十八年度の実施場所は、「通鍋町鍛冶町以東竜閑橋筋新川以北浜町川筋新川以西」となっている。ところが、翌十九年の第三期工事の時点で神田下水の事業は中止されてしまう。明治十九年二月、東京府知事渡辺洪基《こうき》は内務大臣山県に再び補助金の下附を上申した。予定場所は「内神田錦町《にしきちょう》美土代町《みとしろちょう》最寄りの地」ということであったが同年六月、山県はこの上申に対し、「費途なきを以て不聴許」の指令を発した。すなわち府は地方税のみでこの事業を存続しなくてはならなくなり、事実上財政難を理由として神田下水の工事は中途で凍結されてしまったのである（図7）。

一方で内務省は、神田下水の工事では対象とならなかった「地先下水《ちさきげすい》」（各宅地から本管、支管までの排水路のこと）の完了を促している。明治十九年八月、山県は東京府にこの訓

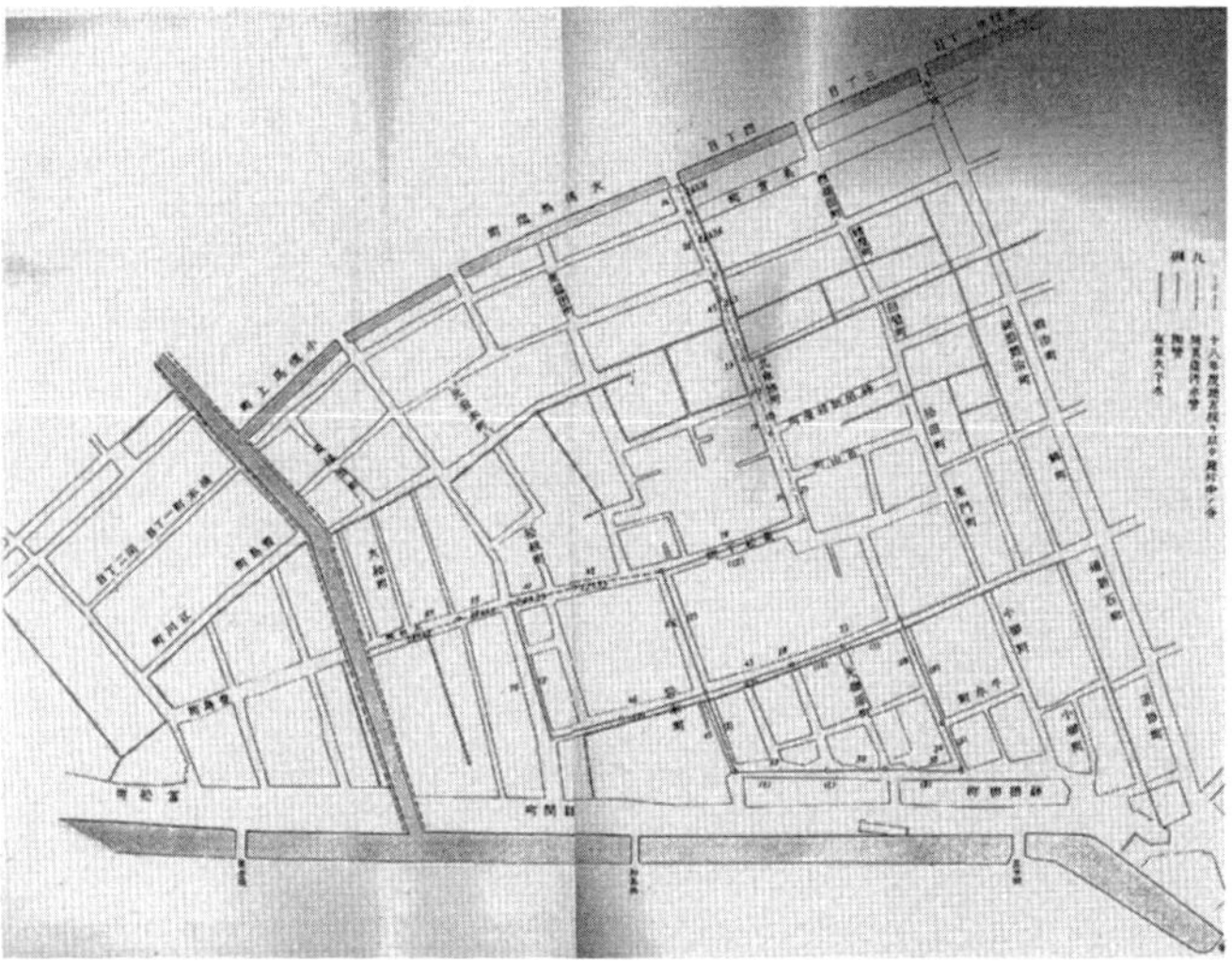

図7　神田下水図（『東京市下水道沿革史』より，図6とは上下が逆）

令を出し、その九日後これを受けて東京府知事は神田区に対し同様の訓令を行った。また東京府はそのための財源確保も計ったと思われ、明治十九年十一月には、一五区内の地先下水改良工事について一八八万余円の国庫貸付を内務・大蔵両大臣に上申した。さらに東京府は、明治二十年二月、内務大臣に対し溝渠改良のための国庫補助を上申し、「府下十五区の中、区の中央に位し人烟稠密にして常に多量の汚水を排出する」神田区、日本橋区、京橋区、麹町区の四区を先鞭《せんべん》として溝渠改良を行うための財源強化に乗り出した。そしてさらに、地先下水の完了を指示された神田区も、財源の確保のため、明治二十年九月に補助金の上申を行った。

しかし、これらの上申はことごとく不許可となってしまう。まず、明治二十年十二月には同年二月の府からの溝渠改良の上申を内務大臣は却下した。つづいて明治二十一年一月の地先下水の上申も内務・大蔵両大臣によって却下される。これを受けて東京府知事は、神田区からの上申を却下し、そして同時に明治十九年八月の訓令を再びもち出して、地先下水工事の完了を督促している。

以上やや煩雑《はんざつ》な動きを整理すると、明治十六年以来、神田区の衛生工事をめぐって、区、府、国を交えた駆け引きが繰り広げられ、結果、明治二十一年の市区改正委員会が開催される直前にいたる段階においては、神田区の衛生工事はいったんは着手された神田下水の工事が、財源難によって完了できず、地先下水の接続も宙に浮いたまま、府区ともに身動きできない状態にあったということができる。

神田区の衛生状況

そこで、これらの神田区の状況と、市区改正委員会との関連をみていきたい。そもそも内務省衛生局が意図した衛生工事がなぜ神田区を対象としたかの理由に関しては、「神田区内市街衛生上実地調査」の報告冒頭に表れている。

抑《そもそも》神田区は都府中第一等に位する人口多数（明治十七年一月調査人口十万四千百

> 二十四人）の区にして、従て戸数稠密なるのみならず貧民の巣窟其半《そうくつそのなかば》を占む。故に衛生上除害調査の関係も他区の比にあらず。曾《かつ》て明治十五年虎列拉《コレラ》病蔓延《まんえん》の時、翌十六年腸窒扶斯《チフス》病流行の際に於けるも、他区に比すれば最も其の惨状を呈したり。故に今病因除害の視察を為すに当り、一層精密の調査を加へざるを得ず。

さらに神田下水の施工対象となった箇所については、つづいて、

> 但《ただし》、本区を調査するに当り之《これ》を八部に別《わか》つ。其《その》一二三の部は、神田橋より西北駿河台の方面にして、重《おも》に土地高燥《こうそう》或は人戸稀疎《じんこきそ》の場所なるを以て、改良を要する箇所少なく、其四五六の部は、神田橋より東北に当り、地味卑湿、半ば貧民の巣窟とも称すべき場所なるを以て、衛生上改良を要する主点の部分なり。（後略）

とあることから、府下の最も衛生状態の劣悪なところ、という認識のもとに神田下水の施工範囲は決定されたものと思われる。そして未完に終わった神田下水の第三期工事の対象区域は、先に示したように「内神田錦町美土代町最寄りの地」ということから、第一期二期工事範囲の西側の区域であったと考えられる。この区域はまさに、先ほどの皆川町公園と千代田町公園が接近して配置計画されている区域なのである。すでに審査会の公園計画の分析でみたように、長与専斎ら衛生家たちの考える公園の機能に、防疫のための装置としての乾浄の土地という認識が強く、さらにそれが下水の排水機能を補う役割としても認

識されていたことを思い起こせば、この特異な公園配置は、審査会以来の長与らの衛生論にもとづいて、下水工事の実施にいたらなかったこの地区に、重点的に公園を配置しようとする考えが背景にあったものとして理解したい。実際委員会の席上、審査会に続いて委員会の委員も努めた長与が神田区について述べている部分がある。

神田区は人口十一万以上あり。之《これ》を其《その》面積に割当せば一人殆《ほとん》と八坪程に当り此《この》八坪中には道路河川溝渠等も包含し居れば、一人に対する住居地の狭隘《きょうあい》なることを実に欧州諸国に斯《かか》る人煙稠密の市街は見ざる所なり。欧州諸国は概《おおむ》ね寝食其《その》室を異にせりと雖《いえど》も、我か府の繁昌地たる京橋日本橋神田三区のごときは人家鱗列《りんれつ》し、甚しきは一家一室にして数口これに起臥し、一方に於ては商業を営み又一方には職業に従事するも寸地の庭園なきは今日の実況なり。如何《いかに》して此辺の空気を清からしむべきや。凡《およ》そ世界に死亡者多きは監獄にして其統計を調ぶるに、泰西諸国の監獄に在ては千人に対する三十人の死亡者なるに我か府下の下町は千人に対し四十余人の死亡者あり（後略）（『東京市区改正委員会議事録』）

このように神田区の衛生状況は「監獄以下」だったのである。

公園計画地の衛生環境

これをさらに前章でも用いた実測図を用いて細かな土地の状況に照らし合わせてみる。まず皆川町公園についてみると、この場所は江戸期来の開渠の下水が合流しかつ屈曲する、排水上の流下に滞りの起きやすい問題箇所であったとみられ（図8）、明治以降も残存していたことが実測図上でも確認できる。江戸の大下水《おおげすい》に由来する開渠の下水全般に関しては、明治十七年（一八八四）の衛生実地調査でも、

（前略）本区大下水構造の善否は、殆《ほと》んど相半ばすと雖《いえど》も、或《あるい》は広狭屈曲して為《ため》に瀦《ちょ》溜《りゅう》の害を来し、或は覆蓋《ふくがい》なくして塵芥《じんかい》を濫投《らんとう》する者あり、自然疏通妨碍《そつうぼうがい》を来す者往々是《これ》あり。故に一朝降雨の際は、或は途上に溢れ或は人家床下に竄入《ざんにゅう》して臭気を放つこと実に謂《い》ふべからざるなり。（後略）

として、その無残な状況が指摘されている。さらにこの皆川町公園付近の大下水と思われる箇所の調査結果では、

（前略）三河町二丁目の蠟燭《ろうそく》町に隣る北角より美土代町三丁目に通する大下水は、較《や》や西方に向て流るるの傾きあれど、その屈曲せるが為殆んど不通の現況を呈出せり。三河町二丁目七番地、八番地に岐り又其十七番地、十八番地の中間を貫線する大下水は、其の両側なる裏長屋の路次全面を覆ひ、疏通極めて不良なるのみならず其受容鮮《せん》

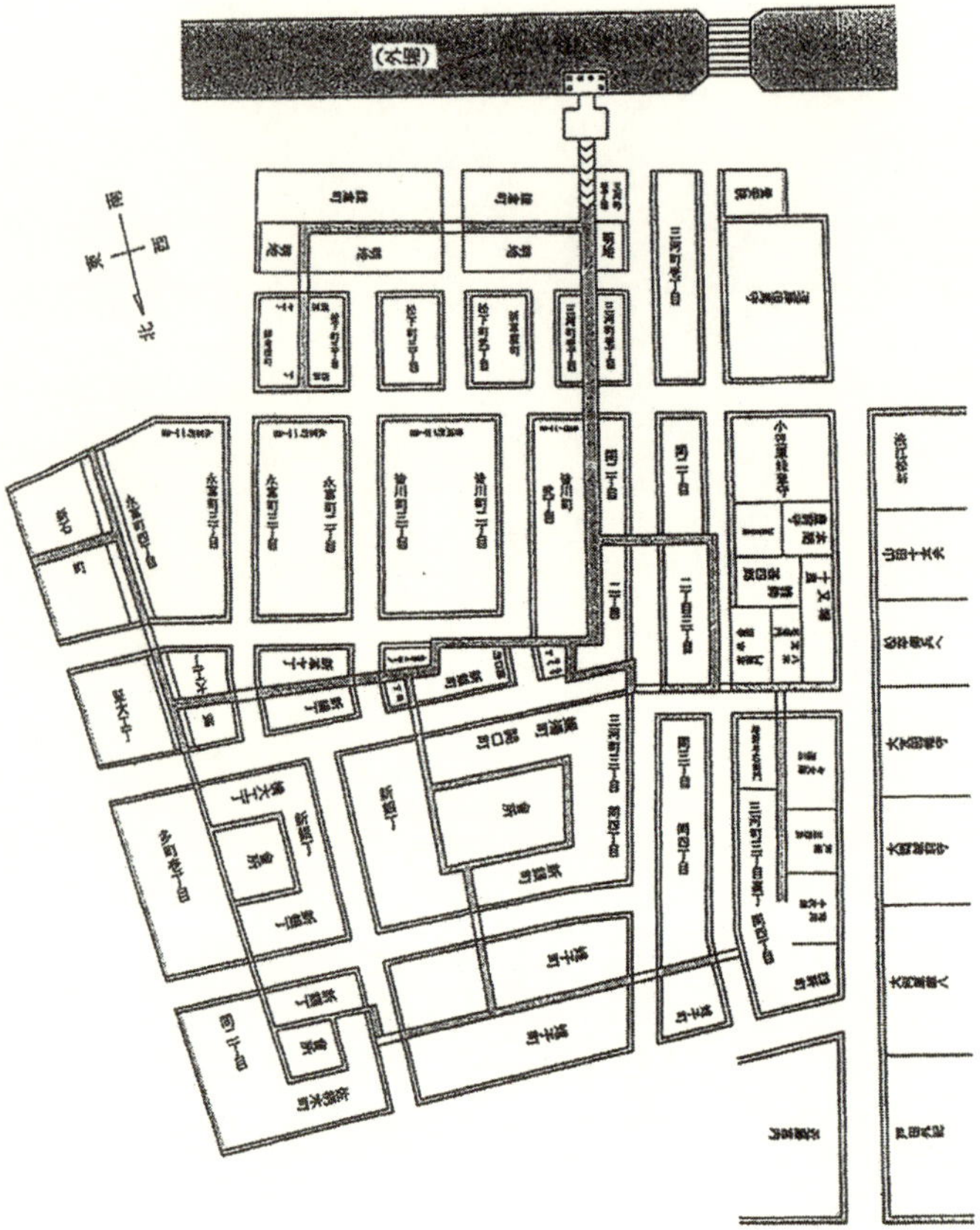

図 8　皆川町附近の大下水（柳下重雄『江戸　神田の下水』より，図中央部の大下水の屈曲点，合流点附近が皆川町公園計画地）

少《しょう》にして大下水の効能なし。（後略）

とあり、排水問題箇所であったことがわかる。また千代田町公園の場所は下水は認められないが、外濠《そとぼり》と竜閑川の合流点であり、外濠のこの付近は当時衛生状態がかなり悪かったと思われ、委員会の外濠の審議の中、長与は、

（前略）衛生上沼地を存し置くは不利益なるに依り埋築《まいちく》するに如《し》かず。就ては此項を「数寄屋橋より鍛冶橋八重洲橋呉服橋常磐橋を経て竜閑橋に達す」と修正し竜閑橋以西の湟池《こうち》は埋築することに為したし。（『東京市区改正委員会議事録』）

と発言している。この埋め立て案は否決されるが、千代田町への公園設置は長与自らが提案者でもあることから、やはり衛生上の観点から提案されたものと考えられる。他にもこの近辺には神田東松下町、松枝町の御玉ヶ池公園が計画されたが、これは施工された神田下水の範囲内ながら、やはり江戸期の在来下水の末端部に位置しており、衛生実地調査で「東松下町四十三番地より四十九番地に至る大下水は、地先下水の受容鮮少にして大下水の効能なし」と記述されていることから、排水不良の補完措置としての公園設置の可能性が高い。さらに神田豊島町、富松町の美倉橋公園も近いが、ここは江戸期には、神田地区で最も広流域からの下水を集め、神田川へ落とす落とし口が存在した場所であり、明治期になってどのような状態であったかはわからないが、神田下水が未完のままであった事実

から考えて、在来下水が現実的にはまだ機能していたと考えるのが自然であり、この場所の衛生状態もまた劣悪であったとみることができる。

以上のことから、委員会の公園計画にみられる神田区への集中的公園の配置は、基本的には当時の神田区の劣悪な衛生事情が背景となっており、その対策として進められながらも、政府および東京府の財政難のため宙づりのままになっていた神田下水の機能不全を、何とか補完しようとする衛生論の立場にもとづく計画であったのではないかと考えられる。委員会の公園計画案には一見したところ衛生行政の影響力はないかにも見えたが、細かいところを丁寧に調べてみると、やはり前章でみたところの「都市の肺臓」としての公園が仕組まれていることがわかってきた。

しかしこのような悪くいえば苦肉の策、あるいは急場凌《しの》ぎともいえる衛生論の立場のみが、委員会の公園計画の衛生思想であったかどうかについて、さらに当時の衛生行政に着目してみたい。

衛生行政の展開　市区改正委員会における衛生論の立場は、ここまでに示したように神田区への部分的対応はみられたものの、全体としては審査会時に比べてその影響力を後退させているように思われる。また、これを明治十九年（一八八六）七月の地方官官制の制定にもとづく衛生行政の警察行政への組み込みによる地方衛生会―中央衛生会を基軸とする衛生行政の展開の挫折《ざせつ》（「十九年の頓挫《とんざ》」として知られる）、と連動した関係にあるとみることも可能である。確かに先の明治十九年から二十一年にかけて、神田下水をめぐる財政支援がことごとく拒否されてしまった事実は、その状況をよく示しているようである。しかしここでは衛生行政全般の情勢と委員会の公園計画を直結させることを一旦《いったん》留保して、委員会における衛生論を、公園計画のみでなく都市衛生全般に対する衛生行政の動向から捉えて、その中に公園計画の相対的な位置づけを行うことで、衛生行政の公園計画での（見かけ上の）後退の背景を考えてみたい。まず、委員会の冒頭での委員長芳川の演説に注目したい。

市区改正なる語言は其範囲極めて大なり。（中略）苟《いやしく》も東京市区の改良に係《かかわ》れる者は総《すべ》て改正事業の一部たらざるなし。然《しか》るに上水下水の計画及家屋の制の如き重要事件にして本案に載せざる者は、当時府知事建議の際設計既に立て別に審議せし所あるを以《もっ》て特に之《これ》を除きたるか故に審査会に於て亦《また》之を議定せざりき。然れども今や上水下水の改良未だ全く緒に就かざるに、正に市区改正の令発せられたるの今日に至り本案を議定するに方《あたり》ては、上水下水の工事及家屋の制をも併せて議定すへきは論を待たざる所なり。（『東京市区改正委員会議事録』）

審査会、あるいはその前身の芳川案の性格としてよく取り上げられる、「道路橋梁河川は本なり、水道家屋下水は末なり」の示すとおり、審査会では水道、家屋（規制）、下水については計画対象から外されたが、これらが検討対象となることを委員会の冒頭芳川は明言した。もともとこれら上下水、家屋規制等は審査会の当時より衛生関係者においては、公園などとは比べようもなく大きな関心事であった。審査会の始まる直前、明治十七年十月、大日本私立衛生会幹事高木兼寛《たかぎかねひろ》は、

（前略）我東京の公衆衛生の目的を達することを得て市街を清潔にし下水を疏通する等百般のことを容易に挙げ行ふことを得べし。故に曰《いわ》く衛生事務の拡張は市区の改正を要すと。（『大日本私立衛生会雑誌』二〇）

として、市区改正にかかわる家屋制度、水道整備の必要性を訴えている。また審査会の進行している明治十八年九月、同じく私立衛生会幹事の松山棟庵《とうあん》は、東京について、

（第一問）地面は乾燥して汚水を滲入するの恐れなきや（中略）（第二問）屋宇《おくう》の構造は地面の乾燥を保つに足るや（中略）（第三問）糞尿其《その》他《た》穢物《わいぶつ》を以て空気を汚染することなきや且其《かつその》掃除法は如何《いか》ん（中略）（第四問）飲水は清浄なるや且其供給は十分にして家屋市街の清潔を保つに足るや（中略）（第五問）下水の構造及《および》其疏通は如何ん（中略）（第六問）塵芥其他の掃除法は如何ん（後略）（『大日本私立衛生会雑誌』二九）

として、これらの惨状を嘆き、市区改正における衛生の観点の重要性を主張している。このほかにも市区改正審査会から委員会にかけての明治十七年から二十一年を中心として、大日本私立衛生会では家屋規制や上下水道整備による公衆衛生の実現について議論が盛んに行われていた。そしてこの動きは、議論にとどまらず行政への積極的働きかけをともなっている。

建築法制

まず家屋規制、すなわち建築法制に関しては、明治十九年（一八八六）六月、私立衛生会は会頭名で「貸家屋建築規則発令ヲ要スルノ建議」を東京府知事宛に提出した。これを受けて東京府においても検討の末、府は警視庁の意向を伺うため、明治二十年一月、「長屋建築規則布令ノ儀ニ付照会案」を警視総監宛に提出する。この中で建坪の下限、採光、換気、便所の規定など一五条からなる長屋建築規制の案が作成された。この中の第十条に「建家の周囲は幅六尺以上の空地を存すべし」という空地規定が出されていることに注目したい。結局この件は、明治二十年十月の警視総監から知事宛の回答により「時期尚早」との理由で実現を見なかったが、市区改正委員会において明治二十二年十月以降、建築条例の検討が開始されるが、この東京府の建築規則案はこの検討の素地となっていく。

次に上水道に関してみてみると、内務省衛生局は中央衛生会の建議という形を通して、家屋規制と機を同じくし明治十九年（一八八六）六月に内務大臣山県宛に「水道敷設促進ノ建議」を提出している。さらに同年十月には、内務省衛生局は「上水改良の件」と題する建議書を閣議に提出した。翌二十年になると、臨時建築局の依頼で来日した衛生工学者、ホープレヒトが上下水道敷設意見書を提出したのを契機として五月、中央衛生会に対し衛生上の首都計画のうちまず上水道、次いで下水道、第三に家屋のように順次改良工事を施すことを提案、これが中央衛生会から伊藤首相および山県内務相宛に「東京ニ衛生工事ヲ興ス建議書」として七月に提出された。これは内務省内部の衛生局の突出を抑える論理により閣議未決となる（御厨貴『首都計画の政治』）。しかし水道計画は市区改正委員会において、御雇《おやとい》外国人のバルトンを嘱託として上下水計画を委託し実現化に動き出すこととなる。

上下水道

下水道についてはすでに神田下水をめぐる動きに関して触れたが、このほかに明治十九年十二月、内務相山県は同年大流行したコレラの終息を待って、各府県に対し、「下水道等改修整備訓令」を発し、「一、汚水疎通方ノコト、一、屎尿排除方ノコト、一、塵芥掃除方ノコト」の三点の改修着手を訓令した。これについて長与専斎は、明治二十一年の大日本私立衛生会の総会において、爾来《じらい》各地方官は善く其訓令の旨を体し、大に清潔方施行に力を尽し清潔方施行に関する規則を設けたる府県二府三十二県就中《なかんずく》神奈川、徳島、大阪、埼玉等の如き頗《すこぶ》る能く整理して大に旧観を改めたりと云ふ。其他（中略）其土地に応じ或は新に之を設け或は之を改良して清潔除害の方法を力《つと》めて怠ることなし。昨年伝染病の減少を見るもの豈《あに》天然の僥倖《ぎょうこう》のみならんや。（『大日本私立衛生会雑誌』六一）

として訓令が下水改良のみならず大きな影響力を持ったことを述べている。事実東京府においても、明治二十年四月に「火葬場取締規則」「厠圊芥溜下水取締規則」を制定している。そして市区改正委員会においては先述のようにバルトンに上下水道計画が委託されることになる。

衛生行政と公園計画

以上のように明治十九、二十年において上下水道の整備や建築規則に関して、衛生行政からの積極的な働きかけがあり、それぞれが市区改正委員会の中での具体的検討に結びついていく（成果としては建築条例は実現せず、下水道計画も延期となる）。その大きな契機は、過去最大規模の死者数を記録した明治十九年のコレラ大流行があったと思われるが、衛生行政内部においてはすでに明治十年代前半期より着手されていた動きが、この市区改正期の審査会と委員会を挟んだ時期において大きく展開を見せていた。この衛生行政の動きと委員会での公園計画との関係を考えるならば、衛生論自体の後退と考えるよりは、上下水道計画および建築規則を推進しようとする衛生論の立場において、「公園」の比重は相対的に低下していたといえるのではないか。公衆衛生の観点からは、公園という空地の確保は下水改良による排水不良の解消や、建築規則による空地の確保が実現されれば、それほど重要なことではなかったと考えられる。委員会の席上、二等警視村上楯朝の小遊園不要の発言に対し、長与は衛生の観点から反駁《はんばく》するが、これに答える村上の次の発言を否定することはできない。

十六番（注―長与のこと）よりして大層駁撃《ばくげき》を被むりしが、本員と雖《いえど》も小遊園は全く不必要と論ぜしにあらず。中人以上は大概庭園の設けあれば児童の遊戯場には左迄《さまで》差支《さしつかえ》を生ぜざる故、小遊園の数は左程多きを要せずと弁せしのみ。又十六番は死亡者の数を挙げて陳弁《ちんべん》されたれとも、成程《なるほど》今日の統計上は然《しか》るならんか道路を改正し建築条例発布の上は現形を一変するに依り、一途《いちず》に今日の統計を以て将来を忖度《そんたく》するは其当を得ざるべし。市区改正の設計にして実施の後は府下の中央には松島町の如き貧民巣窟の土地は一洗するに至るべし。故に小遊園の数は充分減じて可なりと考ふ。
（『東京市区改正委員会議事録』）

しかし委員会の公園計画における衛生論の立場は、計画案全体についてみれば従来指摘されてきたように審査会時に比べてその影響力を大きく減じているようであるが、それは地方官官制の制定等による中央政府内での衛生行政の弱体化に直結されるものではないと考えたい。すなわち、むしろ当時の衛生行政が、明治十九年のコレラ大流行によって再認識させられた切実な課題として、審査会では扱われなかった上下水道の整備や建築規制の実現化という、より基盤的な環境整備に大きな重点を置くようになり、公園、オープンスペースに関しても衛生上の空地としての認識をより強め、結果公園そのものの意義に関する認識が審査会時に比べて相対的に低下したのではないだろうか。衛生行政の立場においては、区域を限定しながらもより衛生上の実効性を求めた公園配置計画を企図し、同時にオープンスペースをより基盤的な環境衛生整備の中に発展的に位置づける方向にあったものといえる。これまで市区改正委員会に対しては公園計画に限らず、財政難を主因とする審査会案の現実化路線への縮小、修正版であると捉える評価がなされてきた傾向があるが、こうした視点からみればまた再評価されるべきものであると考えられる。

都市公園の誕生

実現されない計画

市区改正審査会・市区改正委員会と議論を重ねた末、結局、市区改正において総計三三〇余ヘクタールの公園が決定されるが、何度か触れたように、これらはほとんどが実現しなかった。審査会の段階から計画されたもので、すでに太政官制公園として存在していた上野公園等を除いた新設公園で実現したのは日本橋の坂本町公園ただ一つである。また委員会で新規に追加された公園として実現されたのは、これもただ一つ日比谷公園のみであった。衛生論以外の観点からは、東京はまだ公園などの公共のオープンスペースを必要と捉える都市問題をこれから迎えるところだったのである。都市に公園を求める機運は、欧米の例にみれば基本的には産業革命とそれにともなう農民の都市への急激な流入などに起因する都市環境の問題と深くかかわっていたが、この意味での東京の都市問題が顕在化するのは日清、日露戦争を契機としたものであった。委員会の市区改正設計による公園計画が実現しなかったのは、財源難が直接の理由であることが知られているが、さらには都市空間における環境装置としての公園の必要性の認識が明治中期にいたっても低かった背景によると思われる。都市計画における空間計画は、公園に限らず、構想と財源という理想と現実の間に引き裂かれるのは常のことであるが、その理想についてもさまざまな立場と背景によって多様であることはこれまでみた通りである。

坂本町公園

ところでその坂本町公園は、面積も当初わずかに約三〇〇〇平方メートル《メートル》と狭小ながら、コレラ患者の収容所であった避《ひ》病院の跡地を敷地として、小学校と、警察署に隣接する形で開設された。坂本町公園はたった一つながら防疫装置、児童の身体鍛練の場、そして警察の監視の行き届く広場という審査会の計画思想がすべて盛り込まれて実現したものだったのである。これが実現されたのは偶然の結果かもしれないが、ともかく東京市区改正審査会がわが国の近代都市計画の嚆矢《こうし》であるならば、その公園計画に従って実現されたこの坂本町公園の誕生こそが日本での近代都市公園の誕生ということになる。しかし坂本町公園はのちに述べる日比谷公園に比べるとあまりにも無名の存在である。

図9　坂本町公園（櫻井長雄氏撮影，大正9年ころ）

坂本町公園は委員会の公園計画決定のすぐ後の明治二十二年（一八八九）にいち早く設置、開園されているが、実際の空間設計にあたっては、東京府においてはじめて公園の専門的技術者として職に就いた、すなわちわが国最初の公園専門家となった長岡安平《ながおかやすへい》によるとされている。しかしこの公園が開設当初具体的にどのような空間であったかについては不明の点が多く、わずかに全体を樹木で取り囲んだ楕円状の広場であったことぐらいしかわかっていない（図9）。また坂本町公園は現存するが、これまでに幾度かの改造が加えられてきて当初の姿を忍ぶことはできない。近年、建築、土木、あるいは造園の分野で近代化遺産の検証とその保存、保全に向けたさまざまな取り組みが活発であるが、小規模ながらこうした坂本町公園のような存在も重視していく必要があるだろう。

市区改正で計画された公園は確かにほとんど実現しなかったが、さまざまな面で以後現在にいたるまで現在の公園緑地が行政により提供されるあり方を強く性格づけている。毎年行政の発行する白書類には、必ず一人当たり公園緑地面積の数値が、欧米の水準と比較する形で日本における達成度や目標値として掲げられている。これは審査会にみられた手法となんら変わりがない。また、個々の公園にはそこに盛り込む抽象的機能が設定されて、それを実現するための空間が設計・デザインされる。これもまた坂本町公園の誕生とともに始まった公園の作り方であり、その後設定される「機能」はさまざまに時代の要請とともに移り変わってゆくが、公園を提供する主体としての行政側の思考法は、市区改正審査会および委員会を通しての議論に明らかな源流を見出すことができ、またその結晶としての坂本町公園は重要な近代化遺産と位置づけることができる。

日比谷公園の提案

次に、もう一つ市区改正の計画で実現した日比谷公園についても触れておきたい。日比谷公園は丸の内、霞ヶ関、有楽町という日本を代表する業務地、官庁街、商業地に接する立地と、明治三十八年（一九〇五）の焼き討ち事件に始まり、現在までメーデーの会場となるなどの社会性もあわせて大変有名な公園であり、日本での近代的都市公園の先駆けという評価を与えられている。この日比谷公園は審査会時には存在せず、委員会で日比谷練兵場跡地を敷地として追加されたものであったが、委員会の計画案としては第一番の番号を与えられた極めて重要な存在であった。事実その重要性も作用してか、その設計案の決定には極めて時間を要し、坂本町公園に遅れること一四年の明治三十六年に仮開園した。その間の設計案確定までの紆余曲折《うよきょくせつ》はこれまで多くが語られている。それは公園を通して「近代」を「西欧」イメージに執拗《しつよう》に重ねようとした主に日本の近代化の歪《ひず》みの現れをみる視点である。しかしここではそれに先立つ委員会における公園設置決定の経緯について確認しておきたい。委員会の議事録によれば、明治二十一年十一月十七日の第十七号会議において行われた以下のやり取りが公園設置の提案から決議にいたる経緯とされている。

二十二番古市　二十五番芳野　日比谷の練兵場跡を公園となしては如何《いかん》。
一番桜井　十九番銀林　二番須藤　然り公園になす方可なり。
委員長　公園になすなれば諸官衙《かんが》の用地を除き置くべし。
一番桜井　二番須藤　然り官衙の用地を除き面積を調へて記入するとし兎《と》に角《かく》日比谷公園の一項を追加することに為《な》したし。
委員長　其《その》説にして多数なれば日比谷公園の一項を追加することに決す。

しかしこれより前の第十五号会議（同年十一月五日）において、遊園審議の中ですでに次のような発言があった。

　公園　第二数寄屋橋公園　麴町区有楽町旧島原邸の内　二千坪

　十五番桐原二番須藤　日比谷の旧練兵場を公園と為す以上は此場所は不必要なるに依り宜しく削除すべし。（『東京市区改正委員会議事録』）

これは数寄屋橋公園の削除を主張する発言であるが、この主旨は日比谷練兵場の公園化が決まっているのならば、それに近い数寄屋橋に公園はいらぬ、ということである。このあと特に議論もなく賛成者多数で数寄屋橋公園は削除となっている。これはこの時点で、明らかに日比谷練兵場の公園化が委員会内において周知の事実であったことを示している。それでは委員会の議事に、これ以前に日比谷公園にかかわる論議があったのであろうか。

官庁集中計画の後始末

残念ながら日比谷公園そのものの議論はない。しかし日比谷地区については、市区改正委員会では当初より特別な存在だったのである。明治二十一年（一八八八）十月五日の第一回の市区改正委員会の冒頭、委員長の芳川《よしかわ》顕正《あきまさ》は以下のような委員会への諮問案を示している。

（前略）本会は曩《さき》に東京市区改正審査会に於て議定したる方案《ほうあん》中、特に改正を要する者のみを議定す可《べ》き者たり。今や審査会を距ること既《すで》に数年に亘《わた》り其間《そのかん》市区の情勢に変動を生じたる者なしとせず。仮令《たとえ》ば日比谷錬兵場を以て諸官街築造の位置と定《さだめ》られたれば、茲《ここ》に牽連する所の道路は随て変更せざるを得ざる等の如し。其他亦之《またこれ》に類する者あらん。然《しか》らば其方案中何れの条項か果して議定を要し且《かつ》如何之《これ》を変更す可きや請《こ》ふ本会の意見を聞かん。（『東京市区改正委員会議事録』）

ここで示されているように、日比谷練兵場跡地への官庁街計画は委員会を始めるに当たっての前提条件であったのである。そしてこれは本章冒頭で触れた外務省主導の官庁集中計画の流れを受けた計画案であると思われる。明治二十年九月、条約改正の引責により外務大臣井上馨《かおる》は臨時建築局総裁を辞する。臨時建築局は内務次官であった芳川顕正の指揮下におかれるが、その空位は明治二十一年二月、山尾庸三《やまおようぞう》の臨時建築局総裁就任によって埋められる。山尾はホープレヒトおよびエンデによって立案された日比谷練兵場敷地への官庁街計画を起工するが、地盤条件の劣悪により全体計画の修正を迫られ、その結果を同年九月に内務大臣山県有朋《やまがたありとも》に上申している。その内容は、練兵場の敷地のうち地盤劣悪な海側を公園とし、一部建築は外桜田方面へ移転するというものである。練兵場敷地海側の公園化は、すでに明治十八年の段階での官庁集中計画としてコンドルにより提案されていたものの復活ともいえるが、山尾のこの上申は山県により閣議に稟申《りんしん》され、まもなく二十一年九月二十五日、閣裁を得る（藤森照信「エンデ・ベックマンによる官庁集中計画の研究その三」『日本建築学会論文報告集』二七三）。

ところが第一回の市区改正委員会が開催されるのは、このわずか一〇日後の十月五日なのである。この時点では官庁集中計画も市区改正も、同じ内務大臣山県の掌握するところであったことを考えれば、この閣議決定された官庁集中計画の最終案（これを最後に臨時建築局は廃局の処理へ向かう）が、そのまま市区改正委員会の審議の前提条件にもち込まれたことはおそらく間違いがない。先の「日比谷の旧練兵場を公園と為す以上は」との発言は、このように解釈しないと説明ができない。ただしそれならば逆に、第十七号会議の古市らの発言は不自然ということになるが、これは委員会の決議としては、まだはっきり議定されていなかった日比谷公園を明確に公園計画に位置づけるために行われたものと推測される。

都市公園の誕生

このような経緯のもと、市区改正委員会では日比谷公園の設置を前提条件として審議がなされたものと思われる。官庁集中計画と市区改正計画はそれぞれ別個の計画でその計画内容も対照的な思想をもち、現実にも一時対立する関係にあったことは確かであろうが、官庁集中計画が後退するなかでとられた現実化路線の案は、そのまま市区改正計画に取り込まれていることをみることができる。これは別途都市計画史などでさらに検証される必要があるが、日比谷公園に限ってみれば、その提案は決して公園計画としての能動的な配置計画の思想から誕生したものではないことを確認しておきたい。日比谷公園は結果的には都心の代表的な公園となり、その社会的役割は極めて重要であることに違いはないが、その誕生の背景は、軟弱地盤による建築不適の地であったという、山尾の上申書全体を支配する技術論に終始した考えが最大の理由といってよい。

市区改正審査会の理念、思想を具現化したと思われる坂本町公園は忘れられがちな存在となった。一方で官庁集中計画から市区改正委員会へと理念も不明確なまま流れてきた日比谷公園が近代公園の代表となった事実は、ある意味歴史の皮肉な結果である。近代公園の代表とされる存在が、都市計画の中にありながらその計画の本質的議論から離れたところで誕生したことは記憶にとどめておく必要があるのではないか。日比谷公園を近代化遺産として、今後の保全のあり方に関して議論の俎上《そじょう》にのせていく必要性も確かにあるが、市区改正審査会から坂本町公園の誕生までの経緯に源流をもつ、公園を提供する行政の「思考法」そのものも、いわば眼に見えない近代化遺産という意味で歴史的検証をへて相対化しておくことがさらに求められると思われる。

明治後半期の公園論

行政による公園の計画や実際の設置は、日比谷公園以後明治後半期には、のちに改めて触れる大正期の都市計画法時代まであまり目立ったものはないが、ここで若干その間の公園観をみておきたい。明治四十年（一九〇七）に内務省地方局有志編纂《へんさん》による『田園都市』が出版される。これは二十世紀の都市計画理論の一つとなる英国のハワードの「田園都市」の考え方を日本に紹介したものとして有名であるが、その本来意図したところは当時日露戦争後の「地方改良」という内務省の国策を啓蒙しようとするものであった。その内容は欧米の社会改良事例の紹介を基本にして衛生、教育、共同組合、救貧はもとより節酒など国民の気風、精神に広く言及するもので、都市計画としての田園都市理論はその看板的存在に掲げられていた。このなかで「間時利導の設備」として公園が取り上げられている。

ここで「勤労に伴ふの慰藉《いしゃ》は、各自の勤労を更新す」として、まさにすでに触れた「合理的レクリエーション」の必要性が語られ、そのための施設として筆頭に挙げられたのが公園である。内務省地方局は実際に公園を所管したわけではないが、市区改正審査会の時代にみられた公園の捉え方が、ここではより自覚的に認識されていたことを知ることができる。ちなみにここでは「都市の肺臓」としての公園は、「田園都市」そのものが「殊に空気の流通と光線の透射とを十分ならしめ」て、「都市に於ける空気の腐敗」を防ぐ理想であったために特に強調されていない。実際には理念としての田園都市は実現しなかったこともあってか、衛生装置としての公園の捉え方はここで消えるわけではなく、大正期の都市計画の時代にも引き継がれていく。

以上、都市計画という明示的な計画における公園の計画思想、つまり公園を作る行政の思考を追ってきたが、ここで一旦《いったん》話を転じ、本書のもう一つの視点である、一見「計画」としては見えにくい国家的レベルで進められた公園づくりについてみてみたい。

国家的催事と公園

上野公園

博覧会と上野

前章までは、都市計画という都市空間に対する顕示的な構想の中に表れた公園の計画について話を進めてきた。ここで本章では大きく転じ、対照的に都市計画とは直接にはかかわらず、またその「計画」性も見えにくいものの、確実に都市空間に痕跡を重ねてきた公園に関して話を進めていきたい。この対象として想定されるのは、都市計画の主体である地方庁などの統治機構を超えた、国家レベルでの計画への働きかけである。そこになんらかの意思が存在することは間違いないが、具体的にその主体を特定することは難しく、法的制度として公園の計画や管理などに働きかけるわけでないので、いわば見えない制度ということができる。

見えない制度としての公園

その対象となるのはプロローグで示したように、国家的な祝祭・イベントや儀礼の場となった公共のオープンスペースである。国家的意思がその空間の性格をどのように規定していったのかということを広い意味での「計画思想」として捉えたい。ただしそれは「計画」というかたちで表に現れていないため、前章までよりもさらに間接的に窺《うかが》うことしかできない。明治の東京においてこれに当てはまる空間は上野公園、宮城前広場（現皇居外苑）の二つといってよい。上野公園は太政官《だじょうかん》布告によって公園となった空間で、一方、宮城前広場は制度としては公園ではないが、明治中期に公開された広場で、ともに大空間を利用したイベントが繰り広げられた。のちに触れるように、明治期の国家的イベントは多く行進、行列の形態をとり、必ずしも公園、広場などの面的オープンスペースに収まっていたものではないが、それらの拠点となっていたのはやはりこれらの面的空間であった。まず上野公園から取り上げてみたい。

上野公園の開園と博覧会

明治十年（一八七七）八月、内務卿大久保利通《としみち》が牽引する明治政府は、大久保の同郷の西郷隆盛率いる薩摩軍との間で西南戦争を行っているその最中に、東京・上野において第一回内国勧業博覧会《ないこくかんぎょうはくらんかい》を開催した。その会場は皮肉にも戊辰《ぼしん》戦争において西郷ら官軍が立てこもる彰義隊《しょうぎたい》を撃ち破った東叡山寛永寺《とうえいざんかんえいじ》の焼失跡地であったが、そこは同時に前年の明治九年五月に開園したばかりの上野公園の敷地でもあった。戊辰戦争以降の上野の土地はその帰属を巡って陸軍省、文部省、東京府、寛永寺らの駆け引きが続いたなか、明治六年の太政官布告をへて公園地となるが、しかし上野公園に空間的、物理的に手が加えられるのは、さらに明治九年に内務省博物局所管となって開園された後のことである。博覧会の開催や、博物館の建設運営を殖産興業の牽引事業と捉えていた内務省の立場を考えれば、博覧会の開催を見込んで上野公園は開園されたということができる。

上野公園は内務省の所管（のち明治十四年には農商務省、十九年には宮内省に移管）という国家を背負った特殊な位置づけのなかで、博覧会の会場として繰り返し使用されるとともに、博物館を中心に数々の文化施設を加え、従来の花見の名所性をも保ちながら娯楽性と文化性を合わせ持った独特のゾーンを形成していった。この公園の初期段階から現れた博覧会自身の姿に関しては、具体的にどのような空間であったかという点について未だ不明な部分が多く、ここからまずみていきたい。

明治の博覧会は、先行して欧米で開催されていた万国博覧会（第一回はロンドンで一八五一年開催）を範とする、殖産興業の推進役として盛んに開催された、文明開化の一つの重要な国家的施策であった。そして万国博覧会を代表に博覧会の誕生は、近年、社会史的には視覚の近代化という観点からも捉えられており、それは展示品の陳列手法等の演出法に特徴的に現れていることなども指摘されている（吉見俊哉『博覧会の政治学』）。その意味で、博覧会場全体のプランも近代の視覚装置であったといえ、本章ではまず明治前期の博覧会場の計画を対象として、その空間計画に着目し、そこに込められた意図、特質を探ることを試みる。

「会場外会場」の計画

第一回内国勧業博覧会（以下適宜、内国博）の会場は、図10に示す銅版画に描かれた姿をもって比較的よく知られている。その絵画としての表現技法もさることながら、洋館を中心とした対称型の陳列館（今でいうパヴィリオン）の配置や中央の西洋風庭園等から、西欧を強く意識した空間であったことはいちおうは推測される。しかしながらこの絵は現実の博覧会場を写し取ったものではなく、今でいう計画段階での完成イメージパースであった。それは博覧会開催前に作成された公式ガイドブック（『明治十年内国勧業博覧会場案内』）にもほぼ同じ版画が載せられていることから判断できる。この案内書には改訂版がありそこには平面図（図11）が追加されている。この平面図によれば銅版画と同様の建物配置や、対称型に園路を取り入れた整形式の庭園が確かに計画されている。しかしながら、この平面図を見て直ちに気がつくことは、銅版画に描かれていない部分が存在することである。それは銅版画に描かれている会場の手前に、表門までまっすぐ突き進む通りと、その両側に建物が立ち並ぶ、あたかも街並みのような計画である。案内書によればこれらは「博覧会場付属売物店」、すなわち売店で、こ

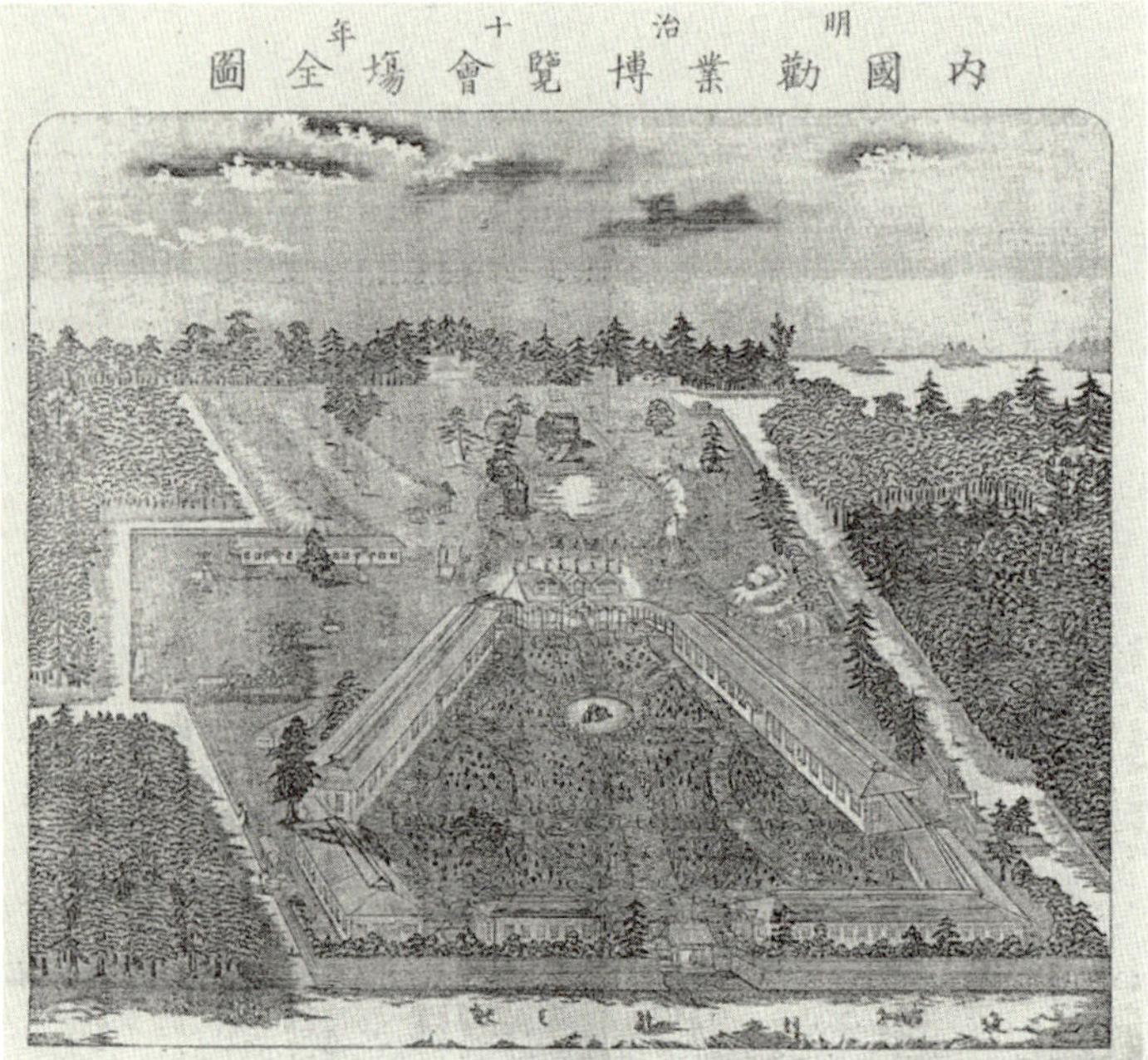

図 10　内国勧業博覧会場全図（『明治十年内國勧業博覧会場案内　改正増補』より）

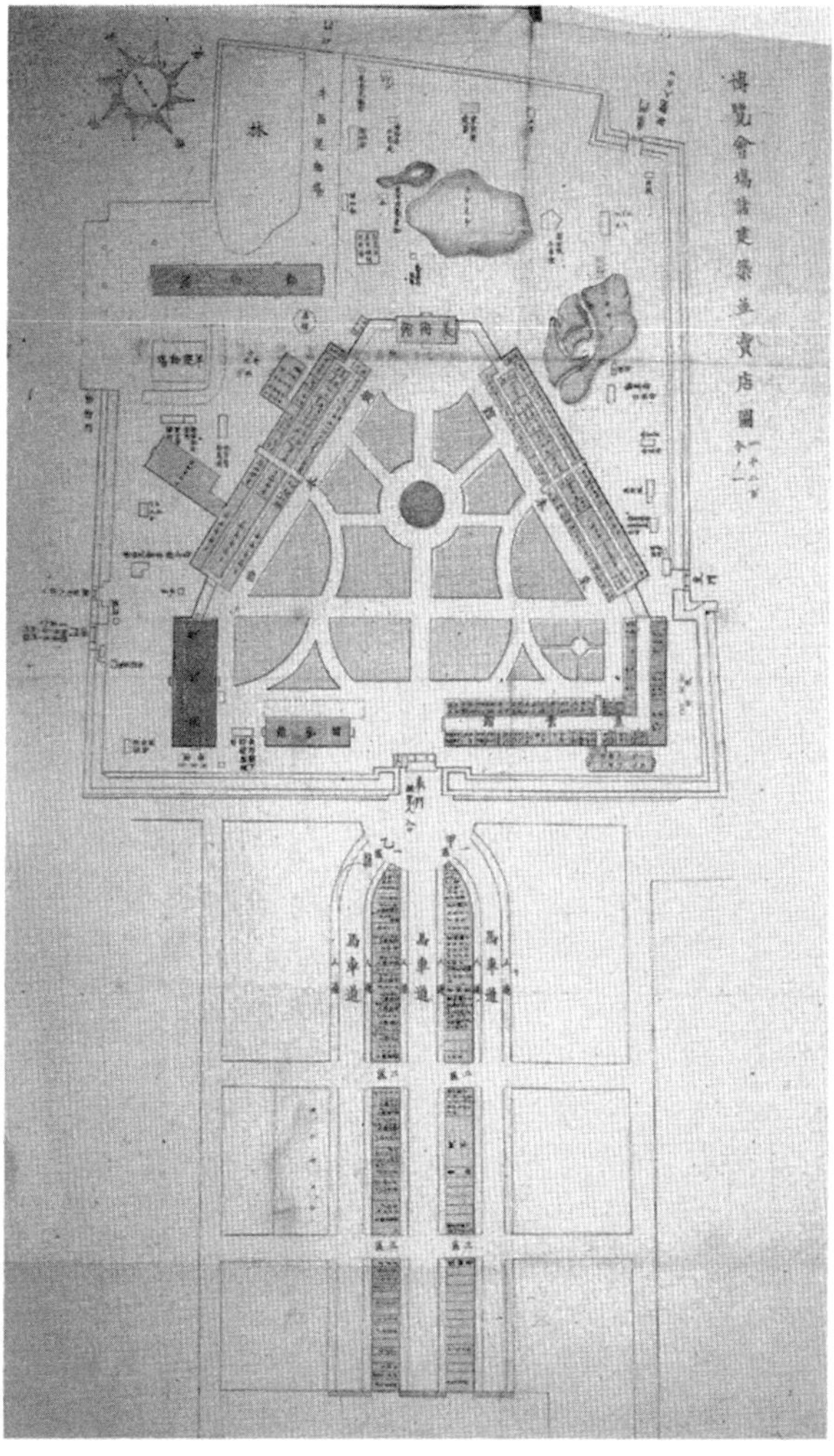

図 11　博覧会場諸建築並売店図（『明治十年内國勧業博覧会場案内　改正増補』より）

の敷地は博覧会場の外であるらしい。この売店街は非常に興味深い。この売物店の意図するところは開催の前年に作成された博覧会規則（『明治十年内国勧業博覧会規則帖』）に示されている。

（前略）茲《ここ》に売店を取建つることを許し其《その》店中にて場上に列しものと同し品物を売らしめ衆人の便利を図る。（中略）

第一条　場上に列しものと同し品柄のもの数個ありて直《じか》に売捌《うりさばか》んと思ふ者は博覧会場外公園にて別に一区の地を無税貸与ふべし。

第二条　売店なりとも本局官員の差図を受け見苦しからさる様建築すべし。

第三条　建築其他売店に拘はる一切の入用は自費なるべし。

（中略）

第六条　売店を取建んと思ふ者は所用の地坪《じつぼ》家作等を取調べ絵図を添て（中略）申出べし。

つまり売店街は会場の外に置かれた、自費による建築であることがわかるが、同時にこのような規則のもとに、主催者側で大変意図的に計画され統制がかけられていたことがわかる。では実際どのようなものが売られたのだろうか。平面図に各戸ごとに細かく記載された品目をみると、出品県ごとに食品、日用品、雑貨類などの特産品が並んでいる。つまるところ全国名産展、門前市の様相である。一方この売店の並ぶ通りは馬車道（約七間）とその両側の人道（各約二間）とからなる、つまり両側歩道の歩車分離道であった。これは「銀座煉瓦街《れんががい》」（明治六年）などに現れた近代の街路構成である。洋館と西洋庭園の前面にのびる近代的街路と縁日的空間、これはどのように解釈すればよいのだろうか。

ウィーン万博の日本社園

その手がかりは四年前のウィーン万国博覧会（明治六年）に見出すことができる。この万国博覧会は日本政府がはじめて本格的に参加し、国内で勧業博覧会を開く契機となった意義深い博覧会であるが、日本からは、建物内の通常の展示とは別に、「日本社園」と呼ばれる小さな神社を中心とした屋外型の展示スペースが出展された。ウィーン万国博覧会に参加した「博覧会事務官」による筆記報告によると、本館とは別に会場内に並ぶ各国の料理店、産物店、茶店等を描いたあと、自国のこの出展に関して次のように記している。

（前略）吾国《わがくに》にてもいささかこれらの用意あり。正堂より南の方（中略）地勢よろしければここを千三百坪ほど囲ひこみ、入口に白木の鳥居をたて奥に白木の神社一宇をつくり、（中略）左りの方には神楽堂をたて、前には小さき池を穿《うが》ち錦魚小亀などを放ち、日本風の反り橋に欄干《らんかん》のつきたるを掛けわたし、鳥居より宮までの道の両側には小さき店三軒つつたて、例年の神祭りのときの社前の市になぞらへ国の名産漆器陶器

銅器織物茶烟草《タバコ》などの類より小児の玩《もてあそび》ものにいたるまでここにて売らしむ（後略）

この「日本社園」は、まさに賑わいをつくるための縁日的空間として意図されていたのである。これは明らかに江戸以来の開帳、見せ物の系譜を受け継ぐものであり、これと同様の考え方が、第一回内国博の付属売物店にももち込まれたことは間違いない。それではなぜ売店街は「会場外」に位置づけられたのだろうか。考えられる理由の一つとしては、事業費を節約するという切実な問題もあったと思われるが、「会場内」をみることによって別な側面が見えてくる。

内国勧業博覧会の会場内計画

第一回内国博の会場計画で特徴的なことは、すでに触れたように正面の美術館を扇の要《かなめ》とした軸性のある対称型の陳列館の配置計画と、その建物に囲まれるように配された中央に噴水をもつ庭園である。東西両側に斜めに配置された本館をはじめ、機械館、農業館、園芸館、動物館などの各陳列館は基本的に木造の仮設的建築物であったが、美術館のみは煉瓦造《れんがづくり》の堅牢な建築物として博覧会後も保存することが想定されていた。その設計は工部省営繕局の日本人の手になるものとされている。しかし当時、日本人のみで煉瓦造の建築の設計が可能であったとは考えにくく、工部省の御雇《おやとい》外国人建築家たちの関与があったことが推測される。

たとえば御雇外国人の一人であったボアンヴィルが設計した工部大学校講堂（明治十年

六月竣工）の計画案は、両側にウイング状の校舎が庭園をコの字状に取り囲むプランであった。現実には片翼のみに終わったが、構想としては講堂を要として校舎が対称形に配置され、中央に庭園をもつ構成である。これと同様の空間構成は、設計者不明ではあるが、明治七年ごろの竣工とされる東京裁判所にもみることができる。

内国博の会場構成も基本的にはこの空間構成と同等のものであるということができる。もちろん形態的類似性からだけではこれらの建築と博覧会の会場構成を結びつけることは性急に過ぎるが、当時の博覧会に与えられた意味を考えてみれば、やはり両者の間には共通性を認めることができる。

先の博覧会の案内書（改訂版）には冒頭に「観者注意」という入場者心得が記されている。

内国勧業博覧会の本旨たる工芸の進歩を助け物産貿易の利源を開かしむるにあり徒《いたずら》に戯玩の場を設けて遊覧の具となすにあらざるなり。博覧会の効益を約言せば跋《ばっ》渉《しょう》の労なく輙《たやす》く一場に就て全国の万品を周覧して以て其優劣異同を判別すべくまた各人工芸上の実験と其妙処とを併せて一時に領収する是なり。（中略）斯の如く仔細に観察し来らば、凡《およ》そ万象の眼に触る皆知識を長するの媒《なかだち》となり一物の前に横たはる悉《ことごと》く見聞を広むるの具たらざるなし。

明治政府の意図した博覧会は、遊覧の場ではなく、「周覧」「判別」「観察」「知識」といった、近代にふさわしい認識の眼を国民に求める教化的、啓蒙的なものであった。同様な合理の場として計画された大学校や裁判所の空間配置をモデルとして、それを博覧会場にも導入しようという意識が、計画者の内務省や工部省にはあったのではないか。また中央の美術館を中心に放射状に広がる建物配置は、「一場に就て全国の万品を周覧して以て其優劣異同を判別す」イメージを形に具現化したものといってよい。

会場計画の二重性

この点に注目するならば、博覧会主催者にとって新しい時代の博覧会からは、博覧会と類似の存在であった江戸以来の「見せ物」の娯楽的性格を払拭《ふっしょく》する必要があったものと思われる。新しい近代の意味づけが会場計画そのものにも必要だったのである。それゆえに縁日的空間は「会場外」に置かなければならなかった。先の銅版画から会場外の描写が完全に排除されていたのも、この理由によって理解することができる。この銅版画は明治政府が国民に示したプロパガンダであったのだから。

しかし興味深いのはそれでもあくまで売店街は「計画」されたことで、「門前」の縁日は確かに博覧会本体とは敷地上も体制上も分離され、厳しく統制もされていたのだが、明らかに博覧会の計画者が主導的に創りだしたものだったのである。近代的な認識の眼を国民に啓蒙することを建前としながらも、博覧会のもつ祝祭的側面の必要性がすでに見抜かれていた。その必要性は直接的には、先の筆記にみられたとおりウィーン万博から体得してきたことであろうし、背景としては江戸のたとえば社寺と門前町の関係にみられたような都市の両義性が博覧会場そのものにも意識的に継承されたともいえる。上野の内国博会場の場合も寛永寺と山下の町の関係が、会場の内外の関係と相似をなしている。博覧会が都市の虚構であることが当初から認識されていた。こうして近代＝西欧的＝公式、という「会場内」と、前近代＝江戸的＝非公式、という、「会場外」の均衡関係から構築される空間が第一回内国博のマスタープランとなったのである。

実現された会場空間の二面性

とはいえ一方で現実には会場内外の性格がそれほど明確に分かれていたわけでもない。会場内の美術館を中心に放射状に広がる西欧型の全体デザインも、実際には門を入ると正面右側の農業館に入り口があり、そこから順に渡り廊下で繋がれた各陳列館を巡っていく双六型の会場構成であった。案内書では見学順序としてどこから見てもよいことを強調し、「観者」の主体的認識眼を求めていたが、そうした注意を促さなければならないほどに空間がそれに対応していなかった。

あるいは陳列館に囲まれた庭園も幾何学式のいかにも西欧風のデザインにみえるが、よくみると一本の松の大樹が園内左手に聳えており、のち第二回内国博（明治十四年）時まで存在し、このときは樹下に茶店が開かれていたという。幾何学的庭園とその一角にある松の樹下の茶店とはいかにも奇妙な取り合わせである。

また、会場の表門は、消失した寛永寺の焼け残りである本坊の中門をそのまま入場門として使っており、屋根に時計を載せた奇妙なものであったが、その門は戊辰戦争の弾痕を残したままであったという。会場外の三本の「参道」が表門の前で集中し、表門は誰もが通るゲートとして極めて象徴的存在であったが、そこに江戸の傷跡を残し、時計を載せた門を配したのは、その門そのものが江戸の否定の上に近代を築こうとする新政府の博覧会への「出展」物であったといえる。

近代を志向した「計画」の意思と、それに必ずしもついていかない実空間のズレが第一回内国博が開催された上野公園の初期の現実であったともいえる。

第二回以降の内国博会場計画

第一回の内国博につづいて、明治十四年（一八八一）に第二回の、明治二十三年には第三回の内国博が、同じ上野公園を会場として開催された。その概略について記すならば、明治十四年の第二回内国博では、会場は先回の売店街の敷地まで拡大されたが、それでも寛永寺の中門は残され相変わらず旧本坊跡の敷地は柵《さく》で囲われていた。中門に込められた意味の深さをさらに確かめることができる。門内については先回の美術館前にジョサイア・コンドルの設計になる新しい美術館（博覧会後に完工して博物館となる）を置き、両脇に農業・機械館を控えた構成としては先回と同様に近代を志向した計画であった。

先回の売店街の地には四つの本館が街区状に立ちならんだ。この点においては第一回内国博の一筆書き的な空間は消失し、それぞれの陳列館が等価均質に配置される、より近代性を帯びた空間が生まれてきた。さらに売店街はあくまでも「会場外」に位置づけられながら、門前から山下の広小路に近い黒門の外まで敷地を拡げていた。博覧会場としての上野はますますその都市的虚構性を高めていたといえる。しかし会場全体としてみると寛永寺を構成していた中堂とその奥の本坊からなる敷地が、それぞれ本館、美術館等に置き換わった、寺院の空間構成を踏襲した奥性の強い伝統的空間の特質が残っている点は興味深い。最奥に位置づけられる美術館は、上野を離れて場所を変えた第四回（明治二十八年・京都）や五回（明治三十六年・大阪）の内国博にまで受け継がれることになる。また会場外門前の売店は、第四・五回内国博においては会場外の売店に加えてさらに会場内に飲食店等が入り込んでいき、博覧会は娯楽的性格を主とするものに変質していく。

こうして上野において博覧会として展開されたイベントは、現実の空間においては近代が排除しようとした性格を垣間みせながらも、しかしその「計画」はあくまでも近代を志向する啓蒙的視線を公園という空間に注いでいた。

天皇のパフォーマンスと上野公園

上野公園開園式

上野公園は太政官制公園の中でも、唯一内務省（のち農商務省、さらに宮内省）の管轄下にあった国家的性格の強い特別な存在であった。博物館事業の展開やそれと連携した内国勧業博覧会などのイベントの開催が、現在にいたる上野公園の特質に強く影響していることをすでに見てきたが、ここではその「国家的性格」を特色づけるイベントの中でも、最もシンボリックなイベントといえる国家的儀礼に着目する。特に明治天皇による行幸に代表される公的儀礼行為は、それが特定の時期に、特定の場所で行われた意味はもちろんのこと、実際の個々の儀式のディテールにいたるまでが、近代天皇制の下での「近代の国民」の形成に強くかかわっていた（タカシ・フジタニ『天皇のページェント』）。それは実際に儀式を演じる器としての都市空間、あるいは本研究で取り扱う公園にも形をともなって影響を与えたに違いない。儀式の場としての上野公園の「使われかた」を通して、そこに公園に何が期待されたかを読み、またその後の上野公園の地域における位置づけや公園そのものの空間の形成にどのような影響を与えたかを考えていきたい。

明治六年（一八七三）にすでに公園として決定されていた上野公園に、明治九年五月九日、明治天皇は「開園につき行幸」（『明治天皇紀』）した。これは同年一月に上野公園が内務省の管轄となり博覧会および博物館事業の道を進み始めたことを受けての行事と考えることができ、「国家的性格」を考えるうえでは軽視できないイベントである。この行幸は一般に上野公園の開園式といわれているが、ところが新聞記事など何点かの資料をあたってみても、奉迎のための軍楽隊の奏楽程度の記録はあるものの、いわゆる現在想像される「式典」と呼ばれるべき儀式が行われた形跡はどこにも見あたらない。

開園式の儀礼　この日の行幸の様子について、それぞれの資料に若干の相違はあるが総合してみると、天皇および皇后は、まず「慈眼堂《じげんどう》」を訪れ茶菓で休息し、つづいて「東漸院《とうぜんいん》」、さらに「徳川将軍家の霊廟《れいびょう》」を巡覧、さらに「精養軒」に立寄り、最後に「山王台」を降りて仮皇居に戻っている。まずこれらの場所がどのような意味をもっているのか検討したい。まず慈眼堂は、寛永寺の開祖であり徳川家康・秀忠・家光の側近として仕えた、慈眼大師・天海《てんかい》を祀《まつ》る寺院である。この天海は、江戸城の「鬼門」の艮《うしとら》にあたるこの上野の地に、不忍池《しのばずのいけ》を琵琶湖に、上野の山を比叡山に見立て東叡山寛永寺を興し、同様に「裏鬼門」に増上寺を移転するなど、いわば呪術的ともいえる宗教空間上のデザインにより江戸の都市計画に大きく関与した大僧正である。

この開園式の時点で、実体としての上野公園の整備はまだわずかにしか進んでいなかった。内務省所管となって後、上野公園において開園式までに行われた整備は、明治九年（一八七六）二月七日より元山王台の石段の模様替えに始まり、屏風坂道路の拡張、新坂の修築とその余土による土手の修築、小休憩所の修繕等であった（『東京国立博物館百年史』）。これは開園式に間に合わせるための土木的改修整備であったということができる。

このうち小休憩所は、開園式の際は天皇は訪れておらず、国旗を掲げていただけであったようである。この小休憩所も使用せず、あるいは便殿《びんでん》と呼ばれる行幸の際の仮設休憩所を設けることもせずに、行幸が第一に慈眼堂を目指したことは、単に戊辰《ぼしん》戦争で残った建物である慈眼堂を休憩所として使用したものとは考えにくい。慈眼堂に続いて徳川家霊廟を訪れたことも含め、この天皇の行為は、江戸・徳川の遺した上野という土地の意味に対するなんらかの儀礼的意思の表れとみることができるのではないだろうか。一方で明治二年には、皇居内紅葉山の徳川廟等が撤去されていることとは対照的に、ここ上野においては徳川家霊廟や東照宮が残されたという事実それ自体もさることながら、天皇がその霊廟を上野訪問の手始めに訪れたことは、この行幸が単なる巡覧以上の意味をもつ儀礼であったことを示している。

上野の地形と巡覧地

次に、この巡覧地を上野公園の土地条件と照らし合わせてみると、この開園式における巡覧地の特性のもう一つの側面を浮き彫りにすることが可能である。図12は、先の巡覧地の図に等高線を重ねたものである。もともと上野は「上野の山」と呼ばれるように武蔵野の台地の端部に位置するまとまった丘陵であったが、図に示されるように、慈眼堂、徳川霊廟以外の天皇の巡覧地点である東漸院、精養軒、山王台はいずれも東、西、南を望む台地端からの眺望の良好な地点である。この開園式において、上野台地から展望可能な全方位を天皇は見渡していることは間違いなさそうである。明治元年の天皇の東幸以来、天皇が高台から江戸―東京の町を眺めた記録はこのときまでみられない。いわばこれは天皇の「国見《くにみ》」ともいうべき行為であったといえるのではないだろうか。

国見とは古代の儀礼に限られたものではなく、たとえば昭和天皇は昭和五年（一九三〇）、関東大震災後の震災復興事業により復興を遂げた東京の街の様子を、同じ上野公園の同じ山王台から「御展望」している。内務省の直轄地として博物館等の事業を始めるに

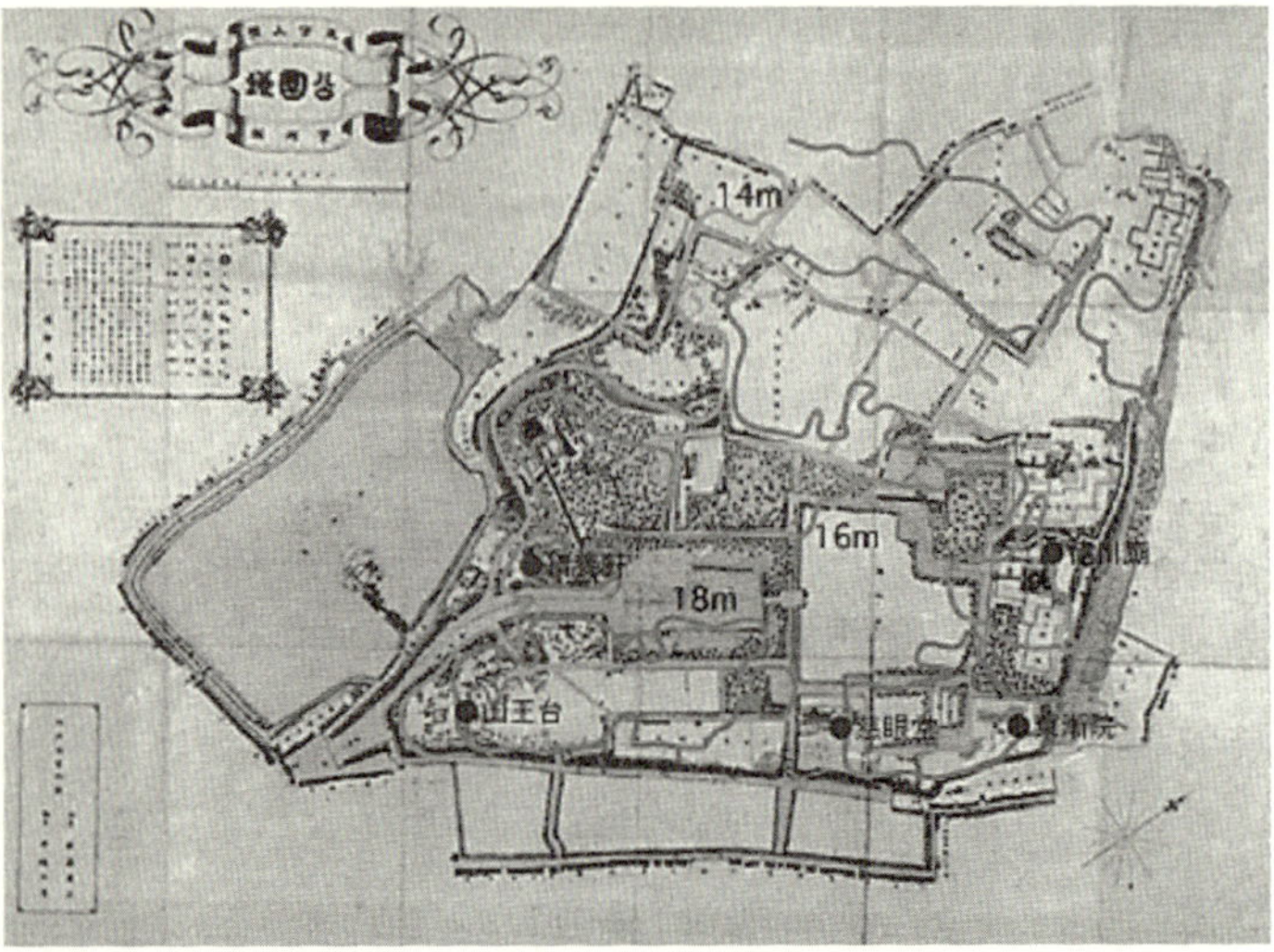

図12　上野公園の地形と巡覧地（明治十年内務省地理局実測図に五箇所の巡覧地と等高線を加筆）

あたり、上野の土地の意味を「更新」するため、これらの天皇の儀礼行為が必要とされたと考えられる。壇上から勅語を述べるような一般の式典（翌年の博覧会開会では行われている）ではなく、公園への入場から退出までの一連の天皇の身体の動きこそが、上野公園の「開園式」であった。このように天皇のパフォーマンスを切り取ってみることで上野公園が開園期にどのように国家的性格を獲得していったのかをみることができる。

先に触れた開園式に先駆けての若干の空間整備のほか、内務省用地となった直後の明治九年二月には、内務卿の決済によって「上野公園貸地条例」が定められ、割烹《かっぽう》店や小憩所のための貸地が行われ、一方では掛茶屋の撤去が行われた。開園式で天皇が訪れた、先の精養軒もこれによって開業している。そして上野公園での貸地代が、他の浅草、芝、深川の三公園の倍近い額であったとされることから、上野公園に内務省が導入しようとした飲食店は庶民を対象としたものではなく、天皇を迎えるにふさわしい格の高いものであったことがわかる。こうして内務省のもとで開園した上野公園は、天皇の儀礼を通して、太政官布告が意図したところの「人民輻輳《ふくそう》の地」としての公園、あるいは土地政策としての公園とは異質の、国家の公園として意味づけされ、実際の空間整備もわずかながら始まり、翌明治十年の内国勧業博覧会を迎えることになる。

内国勧業博覧会開場式

旧寛永寺本坊跡を会場として明治十年（一八七七）に開催された、第一回内国博に関しては、その会場計画の内外における近代性と非近代性の観点から先にみた。ここでは、この博覧会における重要な天皇の儀礼行為である、開場式および閉場式についても、博覧会会場や上野公園の空間の性格を規定した要因として考えてみたい。開場式のセレモニーの形式は、残された錦絵や日誌である『明治天皇紀』の記述、あるいは事務局側が残した閉場式の細かい執行順序（残念ながら開場式のものは見つけられなかった）などから推測される。

馬車による天皇の鹵簿《ろぼ》（行啓幸の行列のこと）は、儀仗《ぎじょう》兵《へい》の敬礼と軍楽隊の奏楽の中、上野公園の山下側からの入口となる黒門からまっすぐ馬車道を進み、旧本坊の中門を使った例の会場表門を入り、博覧会の中心となる建物である美術館の前面に臨時に設置された式場に到着する。天皇は美術館を背にした玉座から、大臣、参議、奏任官、外国公使、新聞社員、および出品人らに向けて勅語を読み上げ、それに対し内務卿および東京府知事が祝辞を奏上するといった手順である。この開場閉場の式典は、以後第二・三回の上野公園における内国博だけでなく、京都（第四回）、大阪（第五回）に会場を移してからも同様な形式で続けられている。こうした天皇が臣民を前に開会を宣言する式典の形式は、かつて明治政府が正式参加した明治六年のウィーン万国博覧会における皇帝フランツ・ヨゼフ一世を戴いた開場式の手順に似通っており、基本的にはこれを手本にしたものと思われる。

式典空間としての上野公園

この式典の手順を参考に、博覧会場の空間計画としての特質を考えると、単に式場が会場の中心に確保されているということにとどまらず、馬車による入場から始まり、門をくぐり抜けて式場まで到達し、会場の中心的建築物である美術館を前に勅語を発するという一連のパフォーマンスの流れそのものが、博覧会場の空間計画に深く関与している点が注目される。すなわち、鹵簿の通行に対応したスケールの馬車道が、会場を正面から貫き、その到達先となる会場奥には、記念性、正面性をもつ美術館が配置され、その前面には開閉場式のための式場の開設が可能な庭園的空地が確保されていることが、この儀礼を効果的に遂行するのにふさわしい空間形式であった。これは旧寛永寺の空間構成を受け継いだものともいえ、上野台地の地形から考えても寛永寺の配置に倣《なら》うことは合理的であることは確かである。しかしそれは東叡山寛永寺という土地の記憶に受動的に引きずられたものだけではなく、儀礼のための空間が会場計画を規定する大きな要因となったことは、上野を離れた京都、大阪の博覧会の会場計画においても上述の空間の骨格が変わっていないことから判断される。

会場までのアプローチ空間では、たとえば第二回博覧会をみると、表門の外には両側に儀仗兵が整列して敬礼し、入口付近には海軍の楽隊も整列をして表門を入るまで奏楽を行う。表門を入ると中門前に整列した陸軍の楽隊が奏楽を始め、さらに中門を入ると宮内省の伶人《れいじん》が奏楽を始めるという演出がなされている。このような演出のためには、それぞれの門に分節されながら奥へと入り込んでいくような空間が用意されていることが効果的であり、儀礼の細かい作法すらもが、上野公園のこうした空間の構造と密接に関わっていると考えられる。

天皇の可視化装置

国家による天皇の儀礼行為を意識した空間計画の最も顕著な表れは、美術館（第三回では博物館）と、その前面の庭園にみることができる。多木浩二氏によれば内務卿大久保利通は、天皇を戴く近代国家形成のための政治技術として、天皇の可視化の必要性を強く認識していた。つまり封建時代の天皇と民衆の疎遠な関係が、新しい国家の権威の確立にとって妨げとなっており、これを打ち破るには、まず、天皇を一般の人々の眼に見える存在にし、印象づけなければならないことに大久保は気がついていた。そのために大久保の考えていた手法は、華々しくパレードを行い壮麗な宮殿とその前面に広大に展開する庭園でその王権をアピールする、西欧の絶対君主的（ルイ十四世がその典型）政治技術に近い、とする（『天皇の肖像』）。この考え方を援用するなら、上野の博覧会場の美術館と前面の整形的な庭園と、そしてそこに正面からアプローチする馬車道こそが、天皇を視覚化する儀礼の舞台装置であったといえる。第一回の会場計画が、稚拙ながらもその意図を最もよく示しており、公式ガイドに載せられた会場の鳥瞰図（一〇八ページ図10）が銅版画で西欧風に描かれたことは、来場者はもちろん、国内および国外に、視覚メディアを通して天皇および明治新政府の権威を誇示しようとする技術であったといえる。そこに天皇を直接示す記号はないにもかかわらず、儀礼をとり行う天皇を可視化し、さらに逆に世界を睥睨《へいげい》する天皇の視線を産み出すことが、現実のプランおよびその広報の双方で行われたのである。

グラント将軍歓迎式

第一回博覧会の翌年の明治十一年（一八七八）四月には、天皇は観桜のため上野公園を訪れているが、このときは精養軒において高官たちと午餐をとったこと以外の記録はみられない。そして次に重要なイベントとなったのが、一般に「グラント将軍歓迎式（会）」と呼ばれている、明治十二年八月二十五日の行幸である。この行幸はもともと同年七月に、東京府会、一五の区会、商法会議所らの代表が名を連ねて下からの請願を行い、これに天皇が応じたという経緯で行われたものである。この請願者の代表は、先に市区改正委員会のところで登場した福地桜痴《ふくちおうち》（当時は東京府会の議長）、および商法会議所会頭の渋沢栄一らであった。その請願の内容は、明治五年からすでに行われていた天皇の地方巡幸について触れ、すでに地方巡幸が行われているのにお膝下《ひざもと》の東京府民が未だそのような天皇の威光にあずかれていない、という主旨から上野公園への「臨幸」を求めるものだった。

天皇の地方巡幸とは、明治五年から十八年にかけて計六回行われ、明治前半の不安定な政情の中で、生身の天皇を民衆に見せることで天皇の存在を知らしめ、民衆がほとんど意識しないうちに権力を行使して支配を強化する政治的儀式である。その範囲は北海道南部から九州にまで及んだが、これを帝都たる東京でも行うことがもくろまれた。

請願の行われた七月当時、全国的にコレラが流行しており上野公園への行幸は秋の涼しい時期に行いたい、というのが当局の意向であったようだが、結局は八月に実施された。その理由は当時七月から八月にかけて来日中であったグラント将軍（元米大統領）の滞在日程に合わせたものと考えられる。その仕掛け役は福地である可能性が高い。福地は明治三年には伊藤博文《ひろぶみ》（明治十一年より内務卿）と渡米し、当時大統領であったグラントに謁見したほか豊富な海外経験をもち（ちなみに市区改正委員会でみせた福地のパークとスクエアの違いの正しい認識はこうした経験によるものと思われる）、今回のグラント将軍の来日にも重要なホスト役を務めていた。すでに将軍の歓迎会や天皇との会見は行われていたが、天皇の東京府民に向けての「巡幸」とそれを海外の眼にも知らしめるという一大イベントを福地らは企画したのである。

パレードと天覧

行幸は、当時皇居焼失後、仮の皇居となっていた青山御所から、皇居を一旦《いったん》南に回り、四谷、半蔵門、桜田門、幸橋、新橋、銀座、京橋、日本橋から万世橋を渡り、あとは御成街道を進んで広小路から上野公園に入るという道順であった。最短ルートを使わずに銀座通りなどを取り込んだ、東京の都市空間を巡るパレードそのものに重点が置かれたルート設定であることは、先の福地らの請願文の要望とも一致するものである。また公園には八十歳以上の老人を招待するなど、明治元年に天皇が京都から東幸した際と同じような恩寵《おんちょう》行為がみられ、この明治十二年（一八七九）の行幸が、地方巡幸と同じような意義をもって実際に行われたことがわかる。

上野公園は、そのパレードの最終目的地点、「あがり」として、単なる外国要人の歓迎の場を超えて、天皇を視覚化する重要な儀礼の会場としてここでも位置づけられた。こうした開園式、博覧会から続く一連の儀礼的行為によって、帝都たる東京における上野公園の国家的性格が決定的なものとなったのではないだろうか。ここで見過ごせないのは、形式的にせよ下からの請願にもとづいた天皇の恩寵という手段を選んだことで、これは明治政府が求めていた主体的存在としての国民、を演じさせる場を設けたということでもある。

公園内では中堂跡を会場として玉座や貴賓席が設けられ、そこで槍剣術や流鏑馬《やぶさめ》などの武術の天覧があった。その背後では、本坊跡（博覧会場跡）で新しい博物館の建設が始まっており、この天覧は、先に述べた西欧型宮廷の庭園として公園を見立てた、博物館の「前庭」での一大ページェントであったといえる。それは空間的には第一回博覧会の美術館と庭園との関係をさらに拡大させたもので、この構成が基本的には現在に続いている。

儀礼空間の系譜

以上のように、明治前期の上野公園に関連した天皇の儀礼行為は、公園の空間構造に強い影響を残したが、それが継承されていく経過を追ってみる。明治十二年（一八七九）の行幸と同様に、国家的イベントとしてのパレードの目的地として、明治二十二年の大日本帝国憲法発布の翌日には、再び銀座通りからの行幸が行われている。下って明治三十四年に上野公園の管理者であった博物館は、公園内が博物館を中心に動物園、博覧会三・五号館、割烹所、小憩所などが各所に散在して公園としての規模体制が整わず、「乱雑荒蕪《こうぶ》」の様子を呈していたため、「上野公園修理調査委員会」を設置してその整備方針の検討を行っている。委員長に股野琢博物館総長、委員として博物館主事久保田鼎、東京帝国大学理科大学教授松村任三、東京帝国大学農科大学教授玉利喜造、内匠寮《たくみりょう》技師福羽逸人《ふくばはやと》、御料局技師江崎政忠、元農商務省博物局長田中芳男らであった。翌三十五年には大体の方針を打ち出して報告を行っている。その中の改修項目の一つとして、

第四　三号館五号館を移転したる上は竹の台全部を修理装飾して之を雄大宏闊《こうかつ》の庭園となし中央ニ一大道路を通しその左右の広場に奏楽堂各一個を建設する事（『東京国立博物館百年史』）

という方針を決めている。この「竹の台」は中堂跡で、第一回博覧会時は会場外売店の地として使用され、その後グラント将軍歓迎式が行われ、第二回博覧会以降は博覧会の中心的会場となっていた場所である。ここで博物館とその前庭がセットとなった空間がはっきりと明文化されることとなった。

興味深いのはこの委員会に内匠寮技師の福羽逸人がかかわっていたことである。ちょう

どこの調査委員会の開かれていた当時、福羽は明治三十三年（一九〇〇）のパリ万国博覧会に参加し、三年後に大阪で開かれる第五回内国博覧会の造園計画を担当する身であった。そこでは最奥に要《かなめ》として位置する美術館とそこにアプローチするプロムナードが計画されている。中心となる軸に対称なその構成は、記念的建築物とその前庭という調査委員会が上野公園に示した空間構成と同じものである。この空間構成は大正期に福羽の後継者によって、明治神宮（そこは明治天皇を記念した空間である）外苑の壮麗な銀杏の並木道の設計として大成されていく。神宮外苑は公園を超え西欧的な都市景観として東京に現れ、その後瀟洒《しょうしゃ》な街の性格を現在まで保持しているが、その源流には天皇の儀礼空間としての上野公園の空間が一脈をなしていたことがわかる。

下賜された公園

やや時代は下って大正十三年（一九二四）に、上野公園は宮内省から東京市へ下賜されたが、そのときの条件の一つは「博物館前指定の区域には建築物を建設せざること」であった。その意味は第一回内国博に始まる博物館と前庭の関係を後世に存続させることであり、天皇を戴く「国家」により形づくられた空間が「下賜」された。

さらに関東大震災によって崩壊したコンドル設計の博物館の建て替えのため、昭和五年に実施された新博物館の設計競技においては、建築位置について、

建物の中心線は現東京帝室博物館前面道路の中心線と略《ほぼ》一致せしめて旧本館の辺に建つこと

という取り決めがなされたうえで、公募要領には、

建物の形は必ずしも左右対称なるを必要とせざれども正面玄関の中心軸と正門より引き通したる軸線とは大体に於て一致せしむること（『東京国立博物館百年史』）

という設計条件が付された。明治三十四年の調査委員会の方針や、大正十三年の下賜の条件が継承、遵守され、さらにデザイン規定として明確化されていることがわかる。さらに戦後の竹の台の噴水の整備（昭和三十五〜三十七年）は、「竹の台全部を修理装飾して之を雄大宏闊の庭園となし」という明治三十四年の調査委員会の方針を実現させた整備であったといえる。また東京文化会館（昭和三十六年）の建築計画においても博物館の記念性を損なわないよう、位置や高さの検討が行われている。このように、明治前半期に近代国家建設のためにもくろまれた視覚的イベントである、博覧会や天皇の儀礼に密接に関連して形成された上野公園の空間の性格が、明治三十四年には維持すべき空間として明文化され、その後戦前戦後を通じ、すべてこの原則を基本として建築計画や造園計画が実施され、現在の上野公園にいたっている過程をみることができる。

この性格は反面、上野公園への多くの施設の導入という事実を示すものでもある。現在の上野公園は国立あるいは都立の博物館、美術館、音楽ホールをはじめそれら付属施設を含めて多数の「高尚な」文化施設の集積地となっている。上野公園を公園ではなくむしろ文化施設がまとまってある場所として認識している人のほうが多いかもしれない。それはこれまでにみてきた博覧会や国家儀礼の場であったこの場所の履歴を考えてみれば、一つの結果として当然のことと考えられる。空間の性格というのはこうしたイベントの積み重ねが付与していく歴史的なものだからである。

上野の場所性と公園

その一方で上野が明治初期に公園となったことがその後の当地の場所の意味生成にどれほどかかわったかというと、「公園であること」はあくまで内務省をはじめとする国家が、そこを訪れる都市生活者ではなく国民という次元へ働きかけた政策的事業の受け皿としてしか意味をもたなかったのではないかと考えられる。まさに公園は国民国家形成のための装置の一つであった。

それを示すかのように、明治前半期の上野公園にかかわるイベントや儀礼の風景の中に、民衆の姿は公園にではなく、パレードの沿道に群がる人影としてしかみることができない。明治二十二年（一八八九）の憲法発布に際しての祝典のときも、上野公園自体は華族や議員らのために使用されただけで、民衆はただ沿道から聖容を仰ぐのみであった。公園が民衆の参集する祝典、イベント等の儀礼の場となるのは、明治二十七年の日清戦争祝捷《しゅくしょう》会のころからであるが、このころから民衆の儀礼の姿が、明治二十年代以降に帝都の整備とともに登場してきた宮城外苑（明治二十一年から整備）や日比谷公園（明治三十六年仮開園）に現れてくる。これは形式的にも立憲君主制が確立してきたことや、明治前半期の巡幸という天皇の儀礼の形態の変化、あるいは天皇と国民の間の視線の関係の変容（『天皇の肖像』）などともかかわりのあることと考えられる。これを次章で検討したい。

なお上野公園は、花見の名所という民衆の公園らしい性格ももちろんもつが、それは上野に江戸期から備わっていた性格である。そしてこの江戸の上野も、幕府直系の寺院（寛永寺）の境内であったことを考えると、この土地の場所性は幕府が上野を叡山《えいざん》に見立てた時にまで少なくとも遡ると思われる。先に触れた明治九年の天皇の上野公園行幸は、上野に場所性を与える権力の主体を入れ替える儀式であって根底から場所の意味を転換するものではなかった。また逆にいえばこうした通過儀礼を通して上野の場所性は継承されたとも考えられる。

帝都の儀礼と公園

皇居外苑

国家儀礼のための広場

上野公園から宮城前広場へ

先に述べたとおり明治前半期の東京において、軍関連の演習などを除いた大規模なイベントが行われた屋外空間は上野公園ただ一つと思われ、それ以外にはそのような利用をみることはできない。しかし、明治二十二年の大日本帝国憲法の発布と同一の時期に、皇居の二重橋前には広大な広場空間が整備され出現する。戦前までは「宮城前広場」と呼ばれたこの空間（現在の皇居外苑）は、明治後半期には、日清・日露戦争の祝捷《しゅくしょう》会などの、これもまた国家的な大規模のイベントに利用されることとなる。

明治三十六年には宮城前広場のすぐ隣に日比谷公園が開園し、日比谷公園もまたイベント空間として利用されるが、日比谷公園の開設経緯に比べて、宮城前広場の成立の経緯はあまり知られていない。しかしこの場所が開設されて以来どのように利用されたかについてはタカシ・フジタニ氏の興味深い分析、考察がある（『天皇のページェント』）。宮城前広場が明治半ば国家儀礼のために意図的に創造された場であるという、その基本的な指摘に示唆を得て、この空間の成立と展開を公共オープンスペース（制度としては公園ではなかった）の立場からさらに詳しくみてみたい。

皇居御造営事業

江戸期より「西丸下」と呼ばれていた現在の皇居外苑の土地は、江戸期には主として大名屋敷に占められていたが、明治維新後それらの武家屋敷は多くは上収され、官庁、兵営、官邸等に用いられていた。明治五年（一八七二）には祝田町、宝田町、元千代田町と名付けられたこの敷地が広場として整備されるのは明治二十一年にいたってのことである。この宮城前広場の整備は、明治六年に焼失した皇居の再建事業である皇居御造営事業の一環として行われたと思われる。このことは、事業の公式記録である『皇居御造営誌』（宮内庁書陵部蔵）に、工事記録が記されていることから確認することができる。

皇居造営事業全体としては、明治十五年に皇居造営事務局が太政大臣直轄のもと設置され、明治十七年四月に地鎮祭が行われ、明治二十年十二月に奥宮殿聖上常御殿、皇后常御殿などの竣工にいたっている。ここで同月、事務局は廃局となり、残務は皇居御造営「残業掛」に引き継がれた。広場の整備は後に述べるように最も古い記録でも明治二十一年以降であるので、この整備は皇居造営事業としては残務として扱われたことになる。

宮城前広場の敷地が宮内省の所管となるのは明治十三年以降である。その経過は『東京市史稿皇城篇』の記述に従えば、十三年から二十年までに計六回、面積にして約四万二〇〇〇坪（約一四ヘクタール）の土地を買い上げなどして「皇宮地付属地」に編入している（図13）。このほかにも宝田町二丁目の華族会館の地はすでに宮内省用地であったが、明治十九年一月に皇居造営事務局用地に使用したい旨打診があり、これを受けて華族会館は半年間隣の旧岩倉邸に移った後、上野に移転している。したがって祝田町、宝田町の一角は、明治二十年までに元老院用地を除いて一体的に皇宮付属地として整理されており、このこともこの敷地の整備が皇居造営と一体の動きであることを示している。

宮城前広場の工事

明治二十一年（一八八八）からの宮城前広場の整備がどのようなものであったか、『皇居御造営誌』の工事記録（月ごとの細かな工事出来高）にしたがい経過を追ってみる。宮城前広場に関連する最も早い工事は明治二十一年四月に開始され、竣工は明治二十二年三月三十一日である。フジタニ氏の指摘するようにこれは広場が明治二十二年二月十一日の大日本帝国憲法発布の式典に合わせて整備されたことを示している。正確には工事は式典には完全には間に合わず、若干未了のまま憲法発

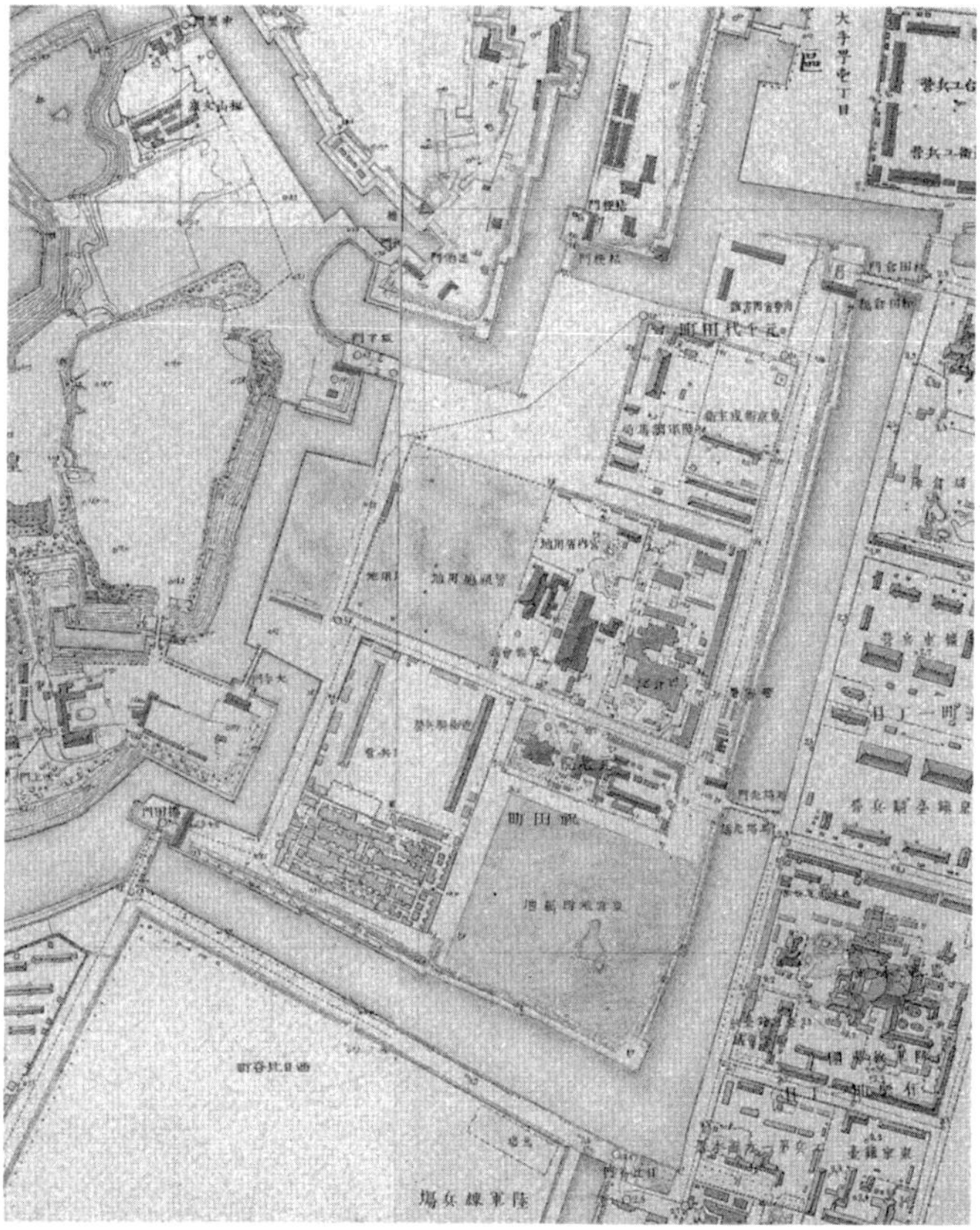

図13　整備前（明治17年頃）の宮城前広場附近（『五千分一東京図測量原図』より）

布の日を迎えたようであるが、工事箇所は主として道路として三路線（施工順に外構道路第一着、同第二着、同第三着）、苑地として四箇所（同様施工順に祝田町円庭、大手外濠縁円庭、宝田町円庭、外構第三着円庭）である。これらが具体的にどのような空間であったかは、『皇居御造営誌』の附図として残された平面図（図14）からある程度知ることができる。

この図が計画を示したものか、完成した形を示したものか、今でいう設計図か竣工図のどちらであるかは不明であるが、空間の特徴としては幅にして二五から九〇メートル近くまである非常に広い道路的空間と、その道路に囲まれた三つの長方形の芝庭からなる広大な広場であったことがわかる。芝庭の角はこれも大きな半径で曲線の隅切りがなされており、このために「円庭」と呼ばれたものらしい。またこの図面には樹木がみられないが、先の工事記録にも樹木の植栽についてはほとんど記されていない。少なくとも現在の皇居外苑を特徴づける黒松の植栽は当初の整備においてはなされていない模様である。これがいつ植栽されたかはっきりとした史料を見出すことはできなかったが、大正十一年の時点では松が主体となった樹木の記録がある。このことから皇居外苑はまず芝の広大な広場として成立し、後に大正期までに松と芝の現在に繫がる風景が現れてきたと思われる。

話を「円庭」に戻すと、それがどこを指しているのかがこれだけでは不明であるが、同誌に残された「外構道路改造仕様書」「御庭作及山里御馬場御馬見所事業」などの工事関

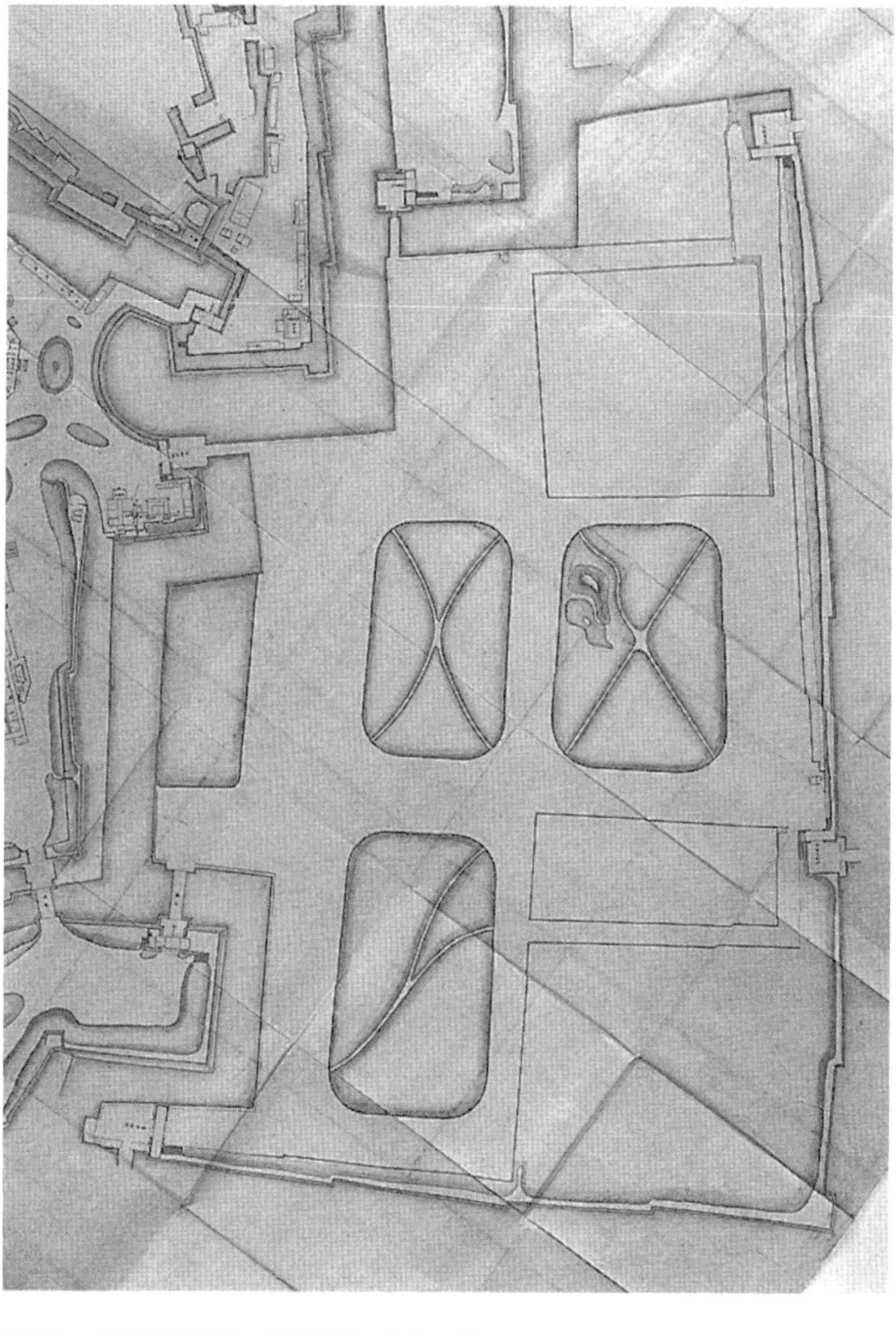

図14　宮城前広場の平面図（宮内庁書陵部所蔵『皇居御造営誌』附図より．中央にX字状の園路のある芝庭が「宝田町円庭」，同中央下〔Y字状の園路〕が「祝田町円庭」，中央右が「外構第三着円庭」，中央左の濠沿いの芝庭が『大手外濠縁円庭』）

係書類から総合的に同定することができ、結果としては大手門と桜田門の間の「祝田町円庭」、大手門脇の濠沿いの「大手外濠縁円庭」、大手門と坂下門の間の「宝田町円庭」、馬場先門近くの「外構第三着円庭」という四つの芝庭が順に整備されたことがわかった。また残念ながら「外構道路」の第一着、二着、三着がどの箇所を指しているのかは不明であるが、外構第三着道路と、第三着円庭が場所として対応しているものと仮定するならば、まず道路の路盤を整備して排水工事を行った後に円庭の張芝工事を行っている手順から見て、ほかの三ヵ所の円庭の周囲の道路も、それぞれの円庭に先んじて工事着手されたと考えられる。

広場での儀礼

この工事は、桜田門および二重橋、大手門に近いところから遠い方へという順序で着手されていることに気がつく。この施工順序の意味を知るためには、この広場がどのように利用されたのかが手掛かりとなる。まだ一部完工していなかった段階でこの広場が使われたのは、実は憲法発布式の日が最初ではない。そのちょうど一月前の明治二十二年（一八八九）一月十一日、明治六年以来赤坂の仮皇居に居を構えていた天皇皇后は、新しい皇居に「御移転」した。鹵簿《ろぼ》は仮皇居正門を出て、

（前略）大手の広場に御着輦《ごちゃくれん》在らせらるるや、有名なる烟火師《はなびし》の本家鍵家《かぎや》より兼て其筋の許可を得て祝田町へ仕懸《しか》け置きたる烟火、数十本奉祝の為打揚げたり。（中略）

正門（引用者注—大手門）の前には近衛歩兵七大隊、砲兵一連隊、騎兵一大隊、歩兵一中隊正服を着て厳かに居並び、小松宮殿下これを督して列兵の前に立たれこれと相対して宮内の官員数百は皆礼服を着けて奉迎しぬ。聖駕正門の御橋の辺に近づくや近衛の諸隊は捧銃の敬礼を行ひ楽隊は君が代の軍楽を奏せり。此時無数の拝観人は大手の広場へ充満《みちみち》て肩摩《けんま》轂撃《こくげき》立錐《りつすい》の地を余《のこ》さず。歓声笑語動揺《どよ》めき渡りて此千歳の盛時に遭遇せるを喜び祝さざるものなかりき（後略）（『風俗画報』一）

という状況の中を宮城に入城する。続くイベントが同年二月十一日の憲法発布観兵式である。憲法発布の式典そのものは同日午前中新宮殿内で行われたが、午後は青山練兵場で記念の観兵式が行われ、その鹵簿が宮城前広場を通過することになる。官報によれば警視庁高等官、文部省直轄学校、学習院、東京農林学校などの学生生徒、および府会議員らが奉祝のために動員されていた。具体的な状況は、

（前略）観兵式御執行あらせらる由一般に聞えければ、全都宛《あたか》も湧くが如く雪解の泥《でい》濘《ねい》をものともせず、四方より皆宮城正門前をさして馳集《はせあつ》まるに剰《あまっ》さへ各町より挽《ひき》集《つど》ふ山車《だし》踊屋台吹流等其《その》数を知らず。万歳無窮の声は笛太鼓の音に和して天に轟き御出門を今か今かと待奉る程に、（中略）聖駕過ぐる所各官私立学校生徒は皆整列して一斉に両陛下及ひ国家の万歳を唱へ、君が代紀元節等の唱歌を謡ふ又数百本の煙火を打揚

（「憲法御発布式祝祭之景況并弐重橋御成行列之図」楳樹利国画　明治22年）

ぐる等勇ましくも又厳かなりき、去《さ》れば又拝観の士民は御道筋に群集して熱鬧雑還《ねっとうざんかん》前後左右に押合ふ様何に比べんものなく（後略）

（『風俗画報』二）

と、各区から山車を宮城前広場に集め、また学校生徒を参列させている様子がわかる。お祭り騒ぎ的雰囲気といえるが、これを描いた錦絵もいくつかあることから、この描写はさほど誇張のない実況を示していると思われる（図15）。

さらに翌十二日は、前章の最後でも触れたが、宮城より上野公園まで東京府からの請願に応えるという形で行幸を行っている。道筋は「宮城正門より

図15　憲法発布式の祝祭

桜田門を出て外務省前左へ東京府庁前幸橋を過ぎ左へ二葉町左へ新橋を渡り京橋、日本橋、万世橋、黒門通り、上野公園内華族会館へ」というものであり、また生徒らが立ち並び君が代を斉唱するなか行幸は進んでいった。

これらの宮城前広場の竣工直前のイベントに共通していることは、鹵簿のルートは正門（大手門）と桜田門の間であること、その道筋に軍隊や学校生徒の奉祝人員が整列していること、それらの人員による君が代の奏楽、斉唱があること、そのほかの「拝観人」である群衆は外側（馬場先門側）の広場に集まっていること、などである。これを先に述べた宮城前広場の施工順序と照らし合わせて考えるならば、鹵簿の奉祝のための重要な場所から順に工事着手されていることがわかる。最も重要な、すなわち正門―桜田門に近い「祝田町円庭」、「大手外濠縁円庭」やその周囲の外構道路は明治二十一年夏にはすでに工事を終えており、その隣の「宝田町円庭」も二十一年秋に終了している。そして正門―桜田門から遠い外構第三着道路、第三着円庭は同年十一月ごろより着手し、一部は末了のままこれらの儀式を迎えている。まさに宮城前広場はこれらの儀礼に間に合わせて整備されたことが、工事手順からも確かめられる。これはすなわちこの空間の計画が儀礼のための空間を作り上げることを第一の目的としていたことを示しているといえる。さらにこの空間の、前章で検討した上野公園との違いを指摘するならば、上野公園は天皇が主体となる儀礼の場として空間形成が行われていることに比して、この宮城前広場は、天皇を「拝観」し奉拝する臣民が行為の主体となる儀礼の場を意図して整備されたことである。

宮城前広場と京都御苑

ところで、この新しく現れた宮城前広場の広い道路と芝庭からなる造園空間としての特徴は、少なくとも当時としては特異なものであったと思われるが、これは何に由来するものであろうか。現在の皇居外苑も基本的には広大な芝地に松が点在し、また砂利敷きの広い道路とも広場ともいえる空間よりなるが、これとよく似た空間が国内にもう一つある。それは京都御所を取り囲む京都御苑である。皇居外苑と京都御苑はそれぞれ皇居と京都御所をとりまく園地として、現在「国民公園」として環境省の所管する公園となっている点も共通であるが、この両者には何か関係があるのだろうか。

そこで着目されるのが明治十六年（一八八三）の岩倉具視《いわくらともみ》の京都皇宮保存に関する建議である。孝明天皇の側近であった岩倉具視は、明治四年以降右大臣の座にあったが、岩倉は一〇〇〇年来続いた京都が東京に天皇が東遷したあとに陥った象徴的あるいは物的な衰退に深い憂慮を抱き、その死の半年前の明治十六年一月に「京都保存に関する建議」を提出している。その中で京都の現状を「まさに狐兎《こと》の栖《すみか》とならんとす」と形容するほどに嘆き、十四項目に及ぶ具体的提案を行った。その第一は「三大礼執行の事」として即位、大《だい》嘗会《じょうえ》、立后の三つの天皇の儀礼を、平安京において行うことを提案した。そしてこれは「根本にして百事是より始まる」最も重要な点であることを強調している。岩倉は明治天皇が京都に行幸した際、天皇がその荒廃した状態を嘆き、またロシアでは古都モスクワ（当時の首都はサンクトペテルブルグ）で皇帝の即位礼が行われているのに倣《なら》い、京都復興のために即位式を京都で行うことを提案したとして、そのような天皇の儀礼を伝統のある京都で行うことを主張している。岩倉は数々の天皇にかかわる旧儀旧慣の再興を訴え、そしてそのための具体策として、十一番目の提案として、

宮殿並御苑に関する事

九門内を御苑と為《な》し大礼の節儀仗《ぎじょう》整列すべきの地を布置し美麗に之を修造すべし。

（『岩倉具視関係文書』）

と、儀礼のための空間としての京都御苑の整備を提案した。

さらに岩倉は、井上馨《かおる》らを従えて、明治十六年（一八八三）五月には京都に入り実地調査を行ったうえでさらに具体的提案を行っている。その中でまず儀礼の場としては、九門内（現在の御苑の範囲）に「平安神宮」の建設を提案し、毎年例祭式などに儀仗兵を整列させることや、「府下人民の情願に任せ能楽相撲花火競馬等奉納」をさせることを提案している。さらに九門内の空間としては、

九門内御苑の位置を定め通路（広さ二十間或は十五間）を区画し高木灌木花木の類を種植し御溝を改造し清水を疏通し常夜燈を建設するの事

但建春門の東は三大礼の節儀仗隊整列の場所を区画し広芝と為す事（『岩倉公実記』）

と、通路に区画された園地や儀仗兵の整列する「広芝」の設置を提案している。この平安神宮は、明治二十八年に平安奠都《てんと》一一〇〇年を記念して創建されたものと直接には結びついていないが、この中で儀仗兵が執り行う儀礼とそのための空間の整備を明示していることに注目される。実際の九門内はすでに皇宮付属地の「御苑」として位置づけられ、土地買収、土塁築造、道路設置、植樹等の事業が進められていたが、この岩倉の意見も道路の改修には反映されていたようである。ただしこの段階では二〇間の通路は実現されず、後の大正天皇の即位大礼（大正四年）を目的とした整備において、建礼門正面の道路が三八メートル《メートル》（二〇間）に拡幅された。この改造された空間はほぼ岩倉の提案した空間であるといえ

岩倉具視の夢想

るのではないか。

そして広い通路（道路）に区画された、芝を基調とした園地は明治二十一年に東京に現れた宮城前広場の空間構成と通ずるところが多い。宮城前広場の場合は道路の幅員が最大で九〇メートル（五〇間）ほどあるが、園地の幅は百数十メートルと同規模であり、スケール的にも共通するところが多い。そしてなによりも明治十六年に京都御苑が桓武《かんむ》天皇を奉ずる儀礼の空間としての整備が提案されたことと、明治二十一年に宮城前広場が、先にみたように天皇を奉ずる儀礼の空間として整備されたことを考え合わせれば、同じ「皇宮付属地」の空間整備ということからも、この岩倉の建議が宮城前広場の空間に強い影響を与えている可能性は大きいと考えられる。

ちょうど岩倉が京都で調査を行っていた明治十六年五月、全権大使伊藤博文はモスクワにおいてアレクサンダー三世の戴冠式に出席する。この伊藤の戴冠式への参列と岩倉の建議とは新聞でも平行して報道されており、ロシアにおける二都の関係は、当時のわが国の首都の位置づけに関して、深い関心をもって捉えられていたといえる（高木博志『近代天皇制の文化史的研究』）。そして明治二十一年には枢密院会議において即位礼と大嘗祭を行う場は京都と決定され、岩倉が天皇の意見として示した、京都と東京を、ちょうどモスクワとペテルブルグのような、国家儀礼上の二つの首都として位置づける構想は現実のもの

図16　サンクトペテルブルグ王宮広場

となる。具体的な都市空間として、岩倉らがどの程度ロシアの二都を参照したのかは不明である。しかし、当時の政府は、皇室の儀礼を欧州の諸王室から盛んに学んでいたなかでも、王室の伝統があるという意味において特にロシアから影響を強く受けていることが知られている。また実際の空間としても十九世紀初頭に整備されたペテルブルグ王宮前の広大な広場（図16）が、政治的、宗教的、軍事的で壮大な儀礼のための空間として整備されたものであり、岩倉自身もかつて自らが団長となった使節団においてその空間に接している。これらのことから、京都―東京をモスクワ―ペテルブルグとのパラレルな関係として頭の中に描く岩倉は、京都御苑と宮城前広場の空間を相同的な国家の儀礼空間として整備することを願っていたのではないかということが考えられる。

市区改正と宮城前広場

ところで、こうして宮城前広場の整備が行われている明治二十一年（一八八八）から二十二年にかけては、すでにみたように市区改正条例が公布され、市区改正委員会において具体的議論が始まっていた同じ時期であった。この市区改正の動きの中で西丸下の宮城前広場の場所はどのように扱われていたであろうか。この場所への計画は、道路計画としてすでに市区改正芳川《よしかわ》案の中に登場している。等級に分けられた道路のヒエラルキーの中で、「第一等道路第二類」として「皇城表門より（中略）上野停車場に至る」、「皇城表門より（中略）内藤新宿追分けに至る」、「皇城表門より（中略）虎の門に至る」の三路線、「第二等道路」として「桜田門内より土手沿和田倉門内に至る」、「祝田町元老院西裏より宝田町華族会館を貫き東に折れて土手際に至る」の二路線の計五路線が計画され、第一等道路に関する意図は、「行幸啓或は諸官参朝の為緊要」と説明されている（『東京市区改正品海築港審査顚末』）。ここでも設置の目的が儀礼に置かれていることがわかる。藤森照信氏はこれを「皇の道」として都市計画のうえではじめて天皇が意識されたこととして注目している。

この道路計画は、続く明治十八年の市区改正審査会においては、特に議論もなくこれが継承される形で成案にいたっている。しかし、次の市区改正委員会においては、西丸下の計画は総《すべ》て計画対象区域からはずされることとなる。その理由は「既に宮内省に於いて改修し居らるるに因り内郭の一区域は市区改正部外」（『東京市区改正委員会議事録』）など、すでに工事の進んでいる宮城前広場の状況に合わせてすべて削除されている。このことから、芳川案以来の市区改正の道路計画には、確かに「皇の道」として皇居—天皇を意識する都市空間への構想が存在していたが、それは宮内省の意図する宮城前広場の構想とは別個のものであったと考えられる。

そして宮城前広場の空間が、市区改正委員会の進める都市計画の中で議論されるようになるのは明治三十七年にいたってのことであった。そのきっかけとなったのは、同年五月、日露戦争の九連城陥落を祝う祝捷行列が、混雑のため馬場先門付近で死傷事故を起こした事件であった。同年八月の市区改正委員会において、宮城広場内の二本の道路（ともに一等道路一類）の設置と、濠の埋め立てが提案された。その意図は、

番外中山　宮城前は群衆の際混雑を極むることは申す迄もなし。而《しか》して之《これ》を避けしむるの方法は唯《ただ》障害物を除去するの一途にあり。是《こ》れ其《その》障害物たる土手を取崩し濠を埋めんとする所以《ゆえん》なり。（『東京市区改正委員会議事録』）

であった。「群衆」の利用を前提にし、そのための物理的障害となるものの除去が意図されている。この群衆という表現は、一般民衆が多く集まる、日常的な利用という意味ではなく群をなす非日常的状況の集団をさしており、それは明治二十一年にこの宮城前広場が

整備されたときに構想された、皇居に奉祝を捧げて群がる人々の姿がこの市区改正委員会においても想定され、計画がなされているということを示している。埋立に関しては、橋梁の建造費用が高額となることも理由とされており、結局この埋立は道路部分のみに実施されることとなった。さらに明治三十八年一月の市区改正委員会において、「宮内省の注文により」二重橋、馬場先門間の道路幅員が三〇間から四〇間に変更された。明治二十一、二年当時はかかわりを持たなかった市区改正委員会と宮内省が、この時点ではある程度の接点をもって宮城前広場の空間に対する構想を描いていたことがわかる。このことは、この決定を得て宮城前広場の道路整備が同三十八年度の追加事業として実施された際に、その事業費の四割に当たる金額が、「下賜金」で賄《まかな》われたことからも判断される。この工事は若干年度を越えて明治三十九年四月二十六日に竣工するが、その直後の四月三十日に日露戦争の勝利を祝う一大軍事イベントが宮城前広場その他で展開される。

凱旋大観兵式

日露戦争の祝勝にかかわるイベントのための宮城前広場の利用として最大規模のものが、この四月三十日に実施された凱旋大観兵式であった。その中心となる儀礼は青山練兵場に三万人以上の兵士を集めた観兵式であったが、そのほかにも宮城前広場と青山練兵場、およびその間を結ぶ沿道全体を会場として利用する、都市空間全体を舞台とする一大イベントが行われた。この大観兵式の最大の特徴は、宮城

前広場全体に戦利品の武器を陳列したことである。これは主に陸軍が企画したものと思われ、

戦利兵器を二重橋外に陳列するの儀は多少の異議ありて用意に決せざりしも、終《つい》に天皇陛下の叡覧《えいらん》に供し、且《かつ》凱旋軍隊をして之を実現せしめ、終りに公衆をして縦覧《じゅうらん》せしむると之を陳列するには他に適当の場所なきとの故《ゆえ》を以《もっ》て、二重橋外の広場に陳列することに決したり。(『明治三十七八年戦役陸軍凱旋観兵式書類』)

とあるように、天皇、軍隊、公衆という三つの主体にこの順序でそれぞれ戦利品を見せることによって、天皇を頂点に戴く戦勝国日本の力を誇示する視覚の力に強く訴えるイベントであった。

陸軍(兵部省)は宮内省との交渉の末、門司、広島、小倉、大阪に保管された野戦砲二八一、小銃七万、軍刀一一五〇その他の戦利兵器を、宮城前広場の敷地全体に集め陳列することとなった(図17)。これをみると、市区改正三十八年度事業で改修され、その数を増した「円庭」それぞれの芝生内には小銃が整然と並べられ、その縁を砲門や車両がとり囲むような陳列計画である。その間を天皇の鹵簿が青山練兵場の観兵式に行幸する際に通り抜けてゆく。練兵場への行幸の際と、練兵場からの還幸の際とで、直交する別なルートをとるなど、儀礼の演出効果を高めるための周到な計画であることがわかる。青山練兵場

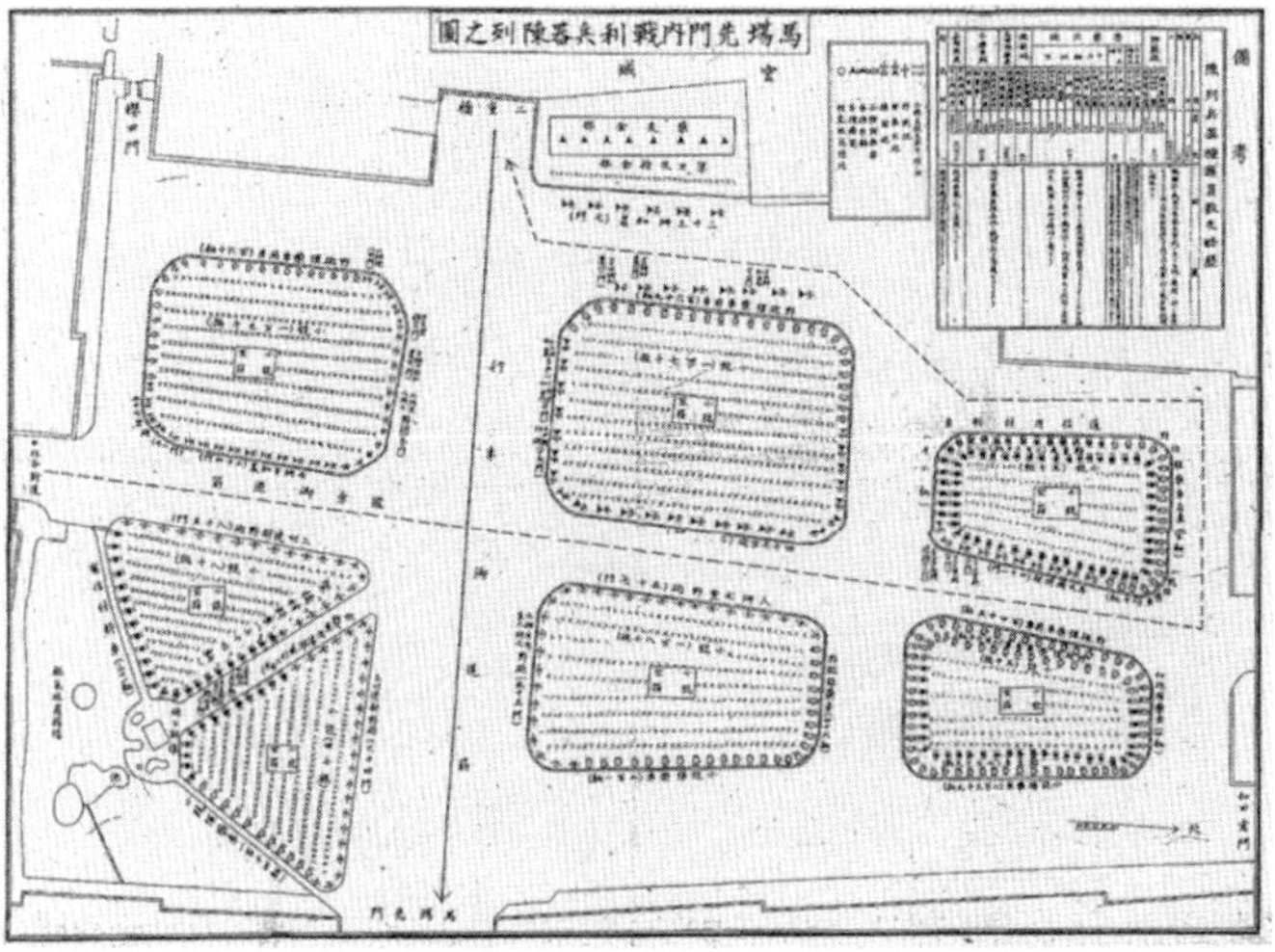

図17　凱旋大観兵式における宮城前広場での武器陳列配置図（防衛庁研究所図書館所蔵「明治三十七八年戦役凱旋観兵式ニ伴ウ主要戦利兵器陳列図」）

での観兵式が終わると、今度は青山練兵場から軍隊の「凱旋行軍」が宮城を目指して行われ、その隊列は皇居の北側を周り、和田倉門から宮城前広場に入り、整然と並ぶ武器の中、広場を南北に貫く新しい市区改正道路（これによりこの道路は「凱旋道路」と呼ばれる）を行進し、広場を出たところで解散している。

この日の「公衆」の姿はどうであろうか。

（前略）既にして行軍の先頭は早く騎兵連隊前を一直線に、憲兵隊本部通用門脇を左に折れ、和田倉門に入らんとしつつあり、群集はこの界隈より益々《ますます》多く、左《さ》しもに

図18　宮城門外分捕巨砲（凱旋大観兵式，『風俗画報』340より）

> 広き大手町の大通りも寸地なく電車は立ち往生をなして、軍隊の通過するを待てり、此頃より通行止めとなり居たる馬場先門の遮断を解除せしかば、今か今かと開門を待ち居たる幾十万の人は、樋の口の切れたる如く凱旋門に突て入り、戦利砲の陳列しある道に人波を湧かす中にも朝の程より立ち通したる人は漸《ようや》く芝生に腰を安むるもあり、（中略）見渡す限り人ならぬはなく、人の間は一条の道開けて、其処《そこ》に行軍の練り入れ、篠の如く陳ねられたる銃などの光景、壮絶快絶の盛観を呈しぬ（後略）（『風俗画報』三四〇、図18）

一般民衆は、凱旋行軍が宮城広場に入場するまで広場内には入れなかったことがわかる。先の天皇、軍隊、公衆の順に戦利品の縦覧を行うとした計画どおりの儀礼である。凱旋道路はこれ以降自由通行ができるようになり、この大観兵式が同時に、新しく作られた市区改正道路の開通式でもあった。このようにみてくると明治三十八年の市改正事業として実施された宮城前広場の改造は、この場所が明治二十二年に憲法発布の儀礼にふさわしい空間として整備されたのと同様に、この大観兵式という儀礼を効果的に演出するための、東京市、宮内省、軍の構想を反映した空間計画を実現したものということができる。もちろん市区改正の一部としての道路計画が、儀礼空間のみを想定して行われたとは考えにくい。しかし、新しい空間の最初の利用をこのような象徴的な儀礼、式典で記念させることは、この宮城前広場という場所に意味を与えるという点において、最も効果的な手法であったといえる。この場に与えられた意味は、明治二十二年当初の整備意図である天皇を「拝観」する儀礼の場という意味をさらに強固なものとする、天皇―軍隊―臣民というヒエラルキー関係にもとづく国家と国民のありようを視覚化、体現する場としての意味であった。この意味が宮内省ばかりでなく、都市計画の立場においてもはっきりと共有されたことを、明治三十八、九年に認めることができる。

国家の公園と群集

宮城前広場の「行列」

以上、宮城前広場を対象として、空間形成にかかわる大きな契機となった明治二十二年（一八八九）の当初の整備計画、および明治三十八年の改造計画とそれを支えた考えについて検討を加えてきた。次に明治年間を通してこの空間がどのように利用されたかについても通覧しておきたい。雑誌『風俗画報』を主な資料として、宮城前広場の整備以降、明治年間に宮城前広場が民衆の集まるなんらかのイベントの一環として利用された記録を拾い集めてみた。

『風俗画報』は、初のグラフ雑誌として絵画写真を豊富に取り入れ、明治後半期から大正にかけての全国の世相風俗を記した貴重な史資料である。ただし創刊は明治二十二年二月の憲法発布と同時であり、どちらかといえばいわゆる体制側に立った視点であった性格もあるので、真の意味での広場を行き来した人の姿を追うことはできない。しかし広場の提供者側が「期待した」人々の振舞い方を知るうえでは資料となりうると思われる。

明治期を通じて宮城前広場が宮内省の管轄であったことを考えれば、この広場がイベントの主会場となることが少なかったのは当然であるが、多くに共通していることは、宮城前広場はそれぞれのイベントの発地であったり、目的地であったり、中継地であったりと、宮城前広場を含む広範囲の都市空間を舞台にイベントが繰りひろげられていることである（表1）。したがってイベントの形態の多くは「行列」のスタイルとなっている。

まず宮城前広場に限定されたことではないが、このイベントに集まった民衆の立ち振舞いに着目してみると、多くに共通することは、兵士はもとより、各種学校生徒、大学生、あるいは工員などが大量に動員され、規律正しく唱歌、行進等を行っていることである（図19、20）。この動員元である軍隊、学校、工場などは、よく知られているように近代の権力のあり方である規律・訓練のシステムのための最も効果的な技術、装置である。フジタニ氏も指摘するように、明治期において、天皇制のもとに民衆が容易に馴致《じゅんち》されていたわけではなく、時としてお祭り騒ぎ的な無規律に走る傾向はよくみられた。したがってこれらのイベントを規律正しく遂行するには、兵士、生徒、工員などの動員が必要不可欠だったのである。これらの動員者を核としてコントロールされた群衆が宮城前広場を中心と

動員数(軍警察以外)	儀礼の中心	宮城前広場での催事	群衆の様子
慶應義塾1,000人	学生	横列を一直線に作り粛然と整列し、奏楽に従い君が代、万歳	
各団体15,000人	市民	万歳	
各団体８万人(？)	市民	万歳三唱	
日比谷28団体、三菱30団体	市民	万歳三唱	
９団体9,700人他150団体	市民	万歳三唱	
	市民	万歳三唱	焼き討ち事件に展開
桜田門内第一～三高等女学校/女子師範学校/府立中学校/師範学校生	軍人		左しもに広き宮城前も今は漸く方形の小空地を剰せるのみ
98団体	市民	君が代、万歳三唱	
二重橋桜田門間帝大職員学生3,000人/学習院生徒/各官立学校府立学校	天皇		背後の芝生一面には老若男女雲霞の如くに充満
桜田門内女子学院/日本女学校/第一高等女学校/学習院生徒/砲兵工廠一団	軍人		
職工12,000人	市民	宮城前広場で大山大将歓迎	
沿道各学校生徒/各団体等	軍人		

表1　宮城前広場の主な催事利用（明治38年間分のみ）

月　日	名　称	発　地	経　由	着　地
1. 3	旅順降伏祝捷提灯行列	日比谷公園	幸橋/紺屋橋/鍛冶橋/大名小路/和田倉門/二重橋前/桜田門/参謀本部	日比谷公園
1.4-10	同		二重橋前/陸軍省海軍省等	
1.20	旅順降伏実業団祝捷会	日比谷公園	和田倉門	宮城前広場
3.18	奉天会戦実業団祝捷会	日比谷公園/三菱原	桜田門/馬場先門/二重橋前/和田倉門	上野公園
6. 4	日本海海戦実業団祝捷会	三菱原	馬場先門/二重橋前/桜田門/海軍省	日比谷公園
9. 5	講話問題国民大会	日比谷公園	桜田門/二重橋前	新富座
10.22	東郷大将凱旋	新橋	幸橋/海軍省/桜田門/二重橋前	宮城
10.26	実業団海軍凱旋祝賀会	三菱原	和田倉門/二重橋前/桜田門	日比谷公園
11.14	伊勢行幸	宮城	正門/桜田門/海軍省/幸橋	新橋
12. 7	大山大将凱旋	新橋	幸橋/外務省/桜田門/二重橋前	宮城
12. 7	砲兵工廠歓迎旗行列	砲兵工廠	飯田町/龍の口/二重橋前/桜田門/陸軍省/新橋	上野公園
12. 9	黒木大将凱旋	新橋	幸橋/外務省/桜田門/二重橋前	宮城

『風俗画報』記事より作成

図19　宮城前砲兵工廠職工の歓迎（日露戦争総司令部凱旋，『風俗画報』331より）

図20　日本女学校生徒宮城前歓迎（日露戦争総司令部凱旋，『風俗画砲』331より）

するイベントの参加者であったことはまず重要なことである。

儀礼の中心の変容と広場

次に、それぞれのイベントを、その儀礼行為の主体となる中心（主催者ではなくパフォーマンスの中心）によって大きく分けると、天皇自身が儀礼の中心となる行幸還幸を奉送迎するもの、戦勝にともなう軍人などの凱旋者を儀礼中心としてその宮城参内を奉迎するもの、そして民衆自身が儀礼の中心となる祝捷《しゆくしよう》会の三種類に分けることができる。この推移をみると、日露戦争後のある期間に凱旋軍人の奉迎が集中するのは当然として、これを除けば天皇がその姿を見せるイベントは徐々に少なくなっていく傾向がみられた。これは先にも触れた多木、フジタニ氏らのいう民衆に見られる天皇から、民衆を見る、そして民衆からは見えない天皇へという、天皇と国民との視線の関係の変容ともかかわりのあることと考えられる。

このような視線の関係の変容とイベント形態の変容は表裏のものであろうが、そのなかで宮城前広場の空間の意味が変容したわけではない。実際、民衆自体が儀礼の中心となる、数々の祝捷行列などの群衆が宮城前広場で決まって行った振舞いは、「天皇陛下万歳」の三唱と、「君が代」の斉唱であった。それらの祝捷行列などのイベントに天皇は姿を現さない。しかしここでも真の儀礼の中心は天皇なのである。

ちなみに大著『明治事物起源』によれば万歳を高唱するようになった最初は、明治二十二年（一八八九）二月の憲法発布式の日に鹵簿に対して大学生が行ったものであるという。これが宮城前広場で行われたものかどうかは不明であるが、このことからも憲法発布式のために進められた宮城前広場の整備と、万歳三唱の儀礼とは密接な関係にあるものと考えられる。また山本信良氏らによれば「君が代」は、明治二十一年ごろから文部大臣森有礼《ありのり》の施策のもとに、学校における天長節、紀元節等の祝祭日の儀式の際の唱歌として全国的に普及し、明治二十四年には「小学校における祝日大祭日の儀式に関する規定」として制度化されている（『近代教育の天皇制イデオロギー』）。これもまた同時期、特に「学校生徒」に対して課された儀礼であり、その儀礼主体と行為がセットになって宮城前広場に動員されたということになる。

そしてこれらの振舞いは、祝捷会などのいわば翼賛的といえるイベントに限られたものではない。たとえば、わが国のデモクラシー運動の揺籃《ようらん》とされ、日比谷焼き討ち事件にも発展した明治三十八年九月五日の「講和問題国民大会」においてすら、暴徒は日比谷公園での集会ののち、宮城前広場に繰り出し万歳三唱の儀礼を行っているのである。

斯《か》く警察の干渉は市民の憤怒《ふんぬ》を招き、今は其《その》沈静に努むるとも中々其《その》甲斐なく、桜田門にては騎馬巡査が、這度《こんど》は何ら制止をもなさず、寧《むし》ろ速に宮城前の広場に到りて混雑するなかれと彼等を迎入れしも、怒濤の如く気の起《た》ち居たる群衆は、尚巡査と見

るや砂礫《されき》を投げ付け、恰《あたか》も警吏を追払ふ如くに遠ざけ、万歳を三唱して、其《それ》より新富座の演説会に向へり。(『風俗画報』三三六)

イベントの形態が変容しようとも、あくまでも宮城前広場の空間は、天皇を奉拝することで天皇と国民の関係を視覚的に確認するために、民衆が自ら立ち振舞う場所となっていたのである。そしてその最も純粋な儀礼形態は、明治四十五年、明治天皇の容態が悪化したときの広場における祈禱に表れている。

(前略)今御危険に迫りし二十八日よりの実況一斑《いっぱん》を記せむに。同夜二重橋前は数日来に幾倍したる赤子《せきし》(引用者注―臣民の意)の群にて充され。小砂利の広場に寸隙も無し。殊に宮居に近き鉄柵の辺は団体、個人の土下座して黙禱又は高かに熱禱する者一刻一刻と加はり。(中略)橋近にて参拝の叶《かな》はざる者は遠く隔たる松原の芝生に坐し。一心不乱に祈願を込めつつあり。(後略)(『風俗画報』四三八)

これはすでにコントロールされたイベントとは呼びがたい、民衆の自発的な行動も少なからず含まれていたとみられる。そしてさらに、この場所の意味は、後の昭和十四年から東京市が行った、紀元二千六百年記念宮城外苑整備事業における宮城前広場の改修計画によってより顕《あらわ》なものとなる。

紀元二千六百年記念事業　明治三十八年（一九〇五）の改修以降の宮城前広場は、関東大震災後の帝都復興事業の際にも一部改修される。これに続く改修が、昭和十五年（一九四〇）の紀元二千六百年を記念してその前年に行われた宮城外苑（宮城前広場）の整備である。その計画要項では、以下のように宮城外苑の性格を規定しその改修の必要を訴えた。

宮城外苑整備事業計画要綱

宮城外苑の一部は申すも畏《かしこ》き事乍《ことなが》ら宮城の前庭にして国民が宮城を拝し森厳なる雰囲気の内に皇室の御隆昌を寿《ことほ》ぎ奉るに最もふさはしい聖地である。尚当時に於ては清浄にして俗情を忘れる場所でなければならぬ。又式典に当り陛下の御臨御を仰ぐ時に於ては即ち最も崇高厳粛なる式場とならねばならぬ。然るに現在の外苑は必しも此の要請を充しているものとは謂はれない。されば本市は宮内省当局の御指図を受けて之が整備に万金を期したいと思ふものである。（後略）（「二千六百年記念事業宮城外苑整備事業概要」）

このように、宮城外苑を「皇室の御隆昌を寿ぎ奉る」場として位置づけているが、ここに明治二十二年以来の宮城外苑整備の意図が明文化されているとともに、それが当初より不変のものであることを確認できる。そして具体的整備項目としては、(1)御親臨台予定地並広場造成、(2)石塁装備、(3)道路改修、(4)造園、(5)周囲石塁内側土手築造などの整備と、付帯事業としての地下道の建設を計画（資源不足と財政難により着工されなかった）している。このうち注目したいのは(1)である。その内容は以下のとおりである。

(1)御親臨台予定地並広場造成

いろいろの場合宮城外苑に陛下の御臨御を仰いで式典を挙げることは従来もあつたし、将来も度々あることだらう。そのやうな場合御親臨台を設置せられるのに御都合の宜《よろ》しいやうに緩やかにし図中（イ）の緑地もそれにつれて地盤を高め其の縁も埋立（ロ）（ハ）の線まであるのを（ニ）（ホ）の線まで拡張する。此の地の前方に（ヘ）（ト）の緑地を含めて十万人位の人人が整列し得られるやう整備する。（「同概要」）

図21がその説明図である。一〇万人規模の人間を集める広場の造成と、それを一望に見渡す親臨台（のための造成）。親臨台は皇居を背にした宮城前広場の西端に設けることを想定していたものと思われる。天皇を「寿ぎ奉る」一〇万人の臣民には、親臨台に立つ天皇の姿など点にしか見えないであろう。しかしそこに天皇が臨幸していようがいまいがもはや関係ない。親臨台という場のみの存在によって見えない天皇と見られる国民の関係性がこの広場に実現されたともいえるであろう。この一〇万人広場と親臨台の計画は、明治二十二年以来の宮城外苑整備の計画の中でも、最も枢要な計画思想を純化した、視覚化、空

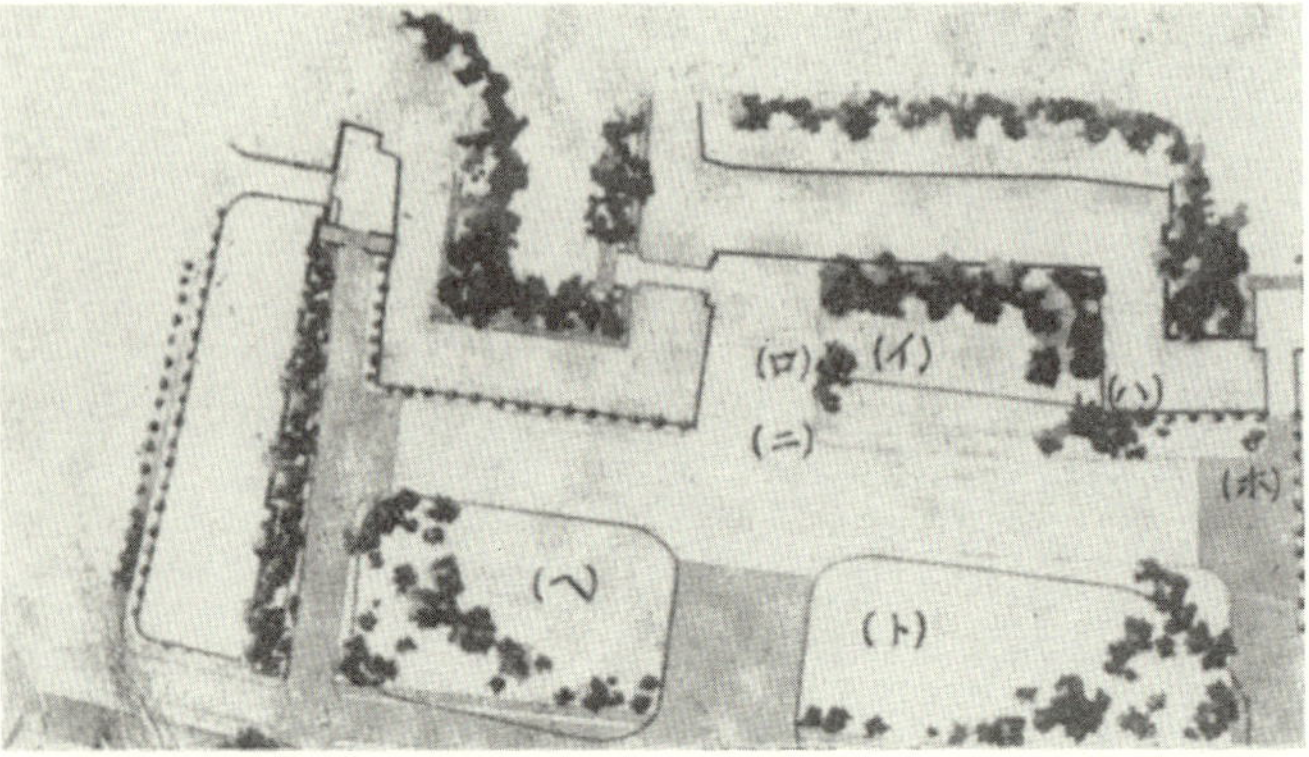

図21　紀元二千六百年記念宮城外苑整備事業における広場整備計画（図中イ〜トは本文中の説明個所に対応）

間化の方策であったということができる。

日比谷公園と宮城前広場

以上が戦前期までの宮城前広場のあらましであるが、この広場とこれまでたびたび登場してきた日比谷公園が隣り合わせであることは、濠と広い道路に隔てられているためもあってか東京に生活する者にもあまり意識されていないかもしれない。しかし、かつてはこの両者はある関係をもって繋がっていたと思われる。

宮城前広場が整備されたのと同じ明治二十二年（一八八九）、市区改正委員会は宮城前広場に隣接する日比谷練兵場跡を日比谷公園として整備することを決定した。この経緯についてはすでに述べたが実際に日比谷公園が仮開園にいたるのは、下って明治三十六年十一月である。開園後は日比谷公園と宮城前広場という、二つの公共空間が隣り合って併存していた。この日比谷公園はイベント空間としてはどのように利用されたのであろうか。そしてそれは宮城前広場とはなんらかのかかわりがあったのだろうか。

そこで再び『風俗画報』を資料に、明治期の日比谷公園におけるイベントに限った利用の記録を拾ってみた。すでに日比谷公園となる以前の公園予定地の段階から利用は始まっているが、これを含め、日比谷公園で催されるイベントが、同時に宮城前広場の空間も利用しているケースが多いことがわかる。そして内容をみてみると、宮城前広場は先にみたように万歳を唱え、君が代を歌い、凱旋者を奉迎する場であったが、一方の日比谷公園のほうは飲食や余興をともなうお祭り的な色彩の濃い利用形態であったことがわかる（表2、図22）。これは、宮城前広場と日比谷公園において、イベント時の機能分担が図られていたこととして理解することはできないだろうか。

ともすれば無規律、逸脱しがちなイベントに集う群衆を規律・訓練のもとにコントロールするため、宮城前広場においては兵士、生徒、工員などが大量に動員されていたことはすでに触れたが、そのイベントがもつ半面の祭事、祝祭的性格を補う空間として、日比谷公園は機能していた。それが当局の自覚的な認識にもとづいたものであるかどうかは不明である。しかし明治二十二年の憲法発布式の観兵式の行幸の際には、宮城前広場に各区の山車が繰り出すような祝祭性を認めることができたが、その後、このような宮城前広場で

8年間分）

動員者（軍警察以外）	日比谷公園の利用	宮城広場での催事
慶應義塾2,000人	行列通過	正門前整列、奏楽、君が代、万歳三唱
各区有志連合団体10万人	行列発着地、飲食店	万歳
	式場、休憩所	
工員2,300人	行列着地	万歳三唱
工員5,000人	行列着地	軍楽隊の奏楽、君が代、万歳
会員6,500人	行列着地	万歳
慶應義塾1,000人	行列着発地	君が代、万歳
	式場、休憩所	
各団体8万人（？）	式場、茶菓饗応所	万歳三唱
	式場、余興場	
日比谷28団体、三菱30団体	行列発地	万歳三唱
	式場、休憩所	
9団体9,700人他150団体	行列着地	万歳三唱
	政治集会	万歳三唱
	行列着地、園遊会	
桜田門内高等女学校/女子師範学校/府立中学校/師範学校生徒	奉迎、花火	奉迎
98団体	式場、余興場	君が代、万歳三唱
各学校生徒15,000人	式場、余興、飲食	
小学校生徒	行列着地、余興、飲食	
桜田門内女子学院/日本女学校/第一高等女学校/学習院生徒/砲兵工廠一団	奉迎、祝砲	奉迎
沿道各学校生徒/各団体	奉迎、祝砲	奉迎
沿道各学校生徒/各団体	行列発地	

と同時に宮城前広場も催事会場となっていたことを示す。

表2　日比谷公園の主な催事利用（明治37-

年月日	名　称	宮城前広場
37. 2.10	同祝捷炬火行列	○
5. 8	九連城占領東京市民大祝捷会提灯行列	○
9. 6	遼陽占領東京市祝捷会	
9. 6	遼陽占領砲兵工廠祝捷旗行列	○
9. 6	同砲兵工廠祝捷提灯行列	○
9. 7	同神田区祝捷会旗行列	○
38. 1. 3	旅順降伏祝捷提灯行列	○
1. 7	旅順降伏東京市祝捷会	
1.20	旅順降伏実業団祝捷会	○
3.18	奉天会戦東京市の祝捷会	
3.18	奉天会戦実業団祝捷会	○
6. 1	日本海海戦東京市祝捷会	
6. 4	日本海海戦実業団祝捷会	○
9. 5	講和問題国民大会	○
10.12	東京市英国艦隊歓迎会	
10.22	東郷大将凱旋	○
10.26	実業団海軍凱旋祝賀会	○
10.31	麹町区東郷大将歓迎会	
10.31	東京市水兵歓迎会	
12. 7	大山大将凱旋	○
12. 9	黒木大将凱旋	○
12.17	東京凱旋軍第一回歓迎会	

注　『風俗画報』記事より作成。
　宮城前広場欄の○は、各催事において日比谷公園

のお祭り騒ぎはみられない。この性格が日比谷公園開園後は、日比谷公園側に移植されたと考えられるのではないか。

国民統合の装置としての公園

扱った資料の性格からも、日比谷公園にしろ宮城前広場にしろその実際の日常的姿が見えてこないのは確かである。しかし日比谷公園と宮城前広場が皇居を前にした東京という都市空間の中で、どういう存在

図22　英国艦隊歓迎図会（日比谷公園での園遊会，『風俗画報』327より）

として語られ、そしてそれが全国に知らしめようとされたかを知ることで、まさに本書冒頭にかかげた国民統合のための装置としての公園の姿を窺うことができる。

　日比谷公園をわが国における近代的公園の嚆矢《こうし》として評価する際には、公園を単独にみるばかりではなく、都市空間の関係の中に位置づける視点も必要であり、この観点からは、日比谷公園は宮城前広場と一体となって機能する、規律と逸脱という形で相互に補い合う関係性を持った公共オープンスペースとして、明治期後半期に東京に現れた存在であったということができる。そしてこの規律と逸脱の関係性は前章においてすでに触れた、上野公園での内国勧業博覧会の空間計画にみられた、会場内外の相互補完的関係と相同性をもっていることは大変興味深い。

しかしながら、それは日比谷公園が野放しにお祭り騒ぎが可能な場であったということを意味しない。（図23）。日比谷公園に祭事、祝祭的機能が付与されていたとはいえ、その大きな逸脱が警戒されていたことは、明治三十八年の日比谷焼き討ち事件の発端となった、日比谷公園において開催された日露講和問題国民大会での警察の動きの例からも明らかである。

そしてさらに明治四十年三月、日比谷公園と宮城前広場の双方を一望する地点に警視庁は新庁舎を着工し、四十四年一月には竣工、鍛冶橋から移転した（図23）。新庁舎の建築は煉瓦造三階建て四五尺（約一三・六メートル）の高さであったが、その中央には高さ一〇〇尺（三〇・三メートル）余りの望楼がそびえていた。これは、規律・訓練の対象となる群衆を監視する眼として、あからさますぎるほどの存在であったといえる。ちなみにその後この地点に建った第一生命相互館をGHQが接収することになるのは偶然とは思えない。

すでにみたように、市区改正審査会の遊園計画においては、明治十八年当時、オープンスペースに対する警察の監視の眼が組み込まれていた。それは明治二十年の保安条例の公布による反体制的動きの押さえ込みや、二十三年の国会開設以降の批判勢力の体制側への

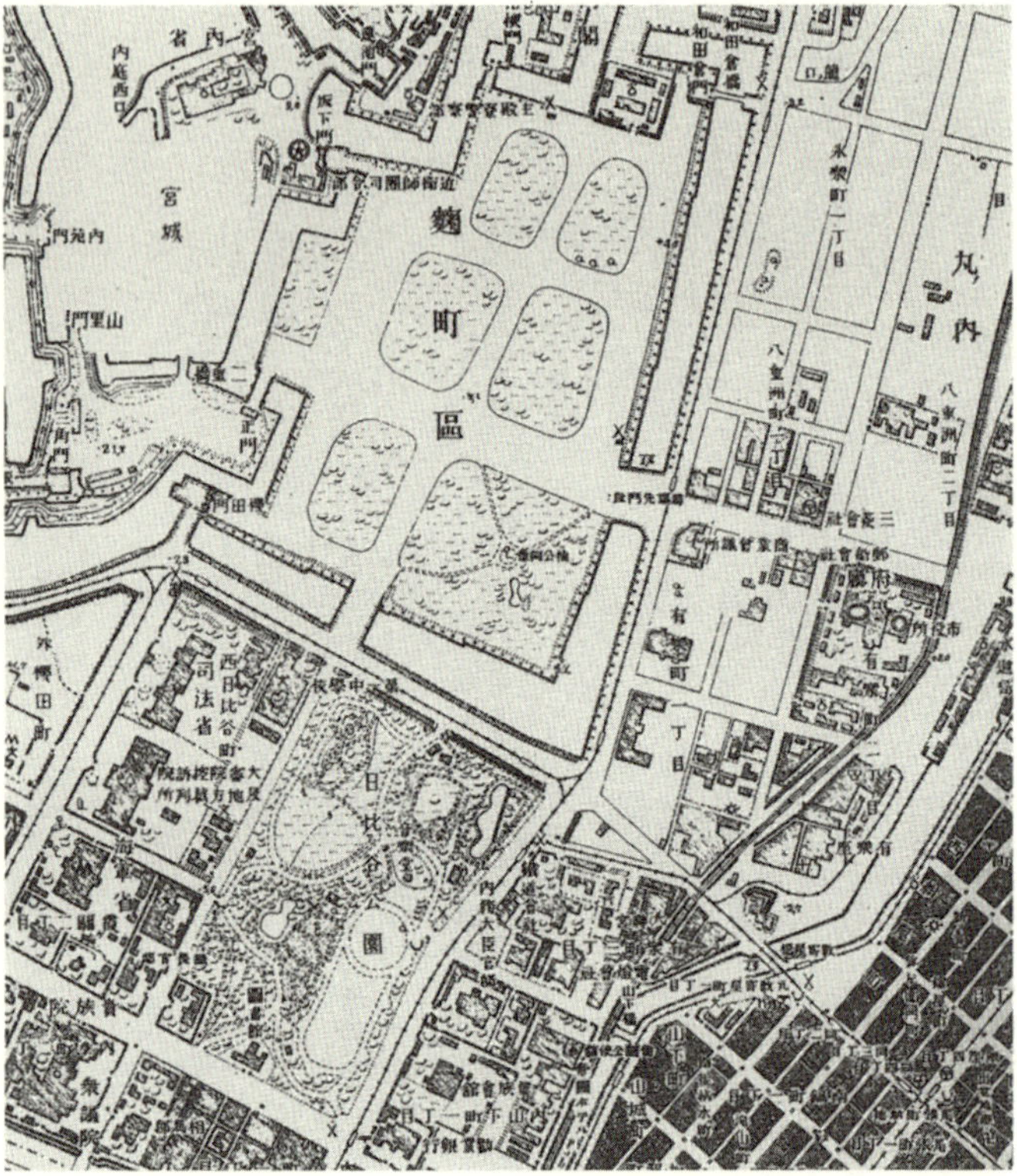

図23　日比谷公園，宮城前広場，警視庁（有楽町「一丁目」の文字の左の建物が警視庁新庁舎，「明治42年測量１万分の１地形図」）

取り込みなどによって、一時は不要の計画となったものと考えられるが、時代を下った明治末期の宮城前広場と日比谷公園の前に、その計画は再び姿を現わし実現することになったのである。これは、日比谷焼き討ち事件から大正七年の米騒動にいたる、都市中小商工業者が主導し、これに都市雑業者が加わっていく「都市民衆騒擾《そうじよう》」の時代を反映した動きであったといえる。ともあれ日比谷公園と宮城前広場という相互補完的オープンスペースをさらに上から睨《にら》む眼の存在は、国民統合装置の重層性を極めて空間的かつ象徴的に示すものであったということができる。

「国民公園」へ

明治二十二年（一八八九）の整備以来、昭和二十年（一九四五）の敗戦を迎えるまで、宮城前広場は一貫して天皇を奉拝、奉祝する臣民の拝観場として存在していた。昭和二十年八月十五日の広場にひれ伏す人々の姿はいまだに映像メディアを通して広く伝えられている。昭和二十四年、この空間は「国民公園」と名づけられたオープンスペースとして厚生省（のち環境庁・省）の管轄となるが、現在その場所に少なくとも明治天皇の死や敗戦のときのように土下座をする臣民の姿はない。にもかかわらず皇居外苑の空間は戦前と基本的には変わらず現在も皇居前に広大な空間を保持している。そして毎年の正月の参賀や葬儀・婚礼などの皇室の慶弔に際しては、今でも多くの人々がこの広場を訪れていることから、この場所の意味は消失せずに継続されている。

ただし、戦前のように宮城前広場が国民を統合する空間メディアそのものとして機能することはないと思われる。

皇居外苑の空間は、戦争に進む国家主義をあまりにも直接的に媒介するメディアであったがために、戦後は逆にその意味を否定する方向に傾いた感がある。昭和二十一年には復活したメーデーの会場として広場の使用が許可された。また昭和二十二年の閣議決定において、旧皇室苑地は「戦後国民の慰楽、保健、休養等国民福祉のために確保し、平和的文化国家の象徴たらしめる」方針で、宮城外苑のさしあたりの利用について「宮城外苑に野外ステージを中心とする国民広場を設置し、各種行事、運動競技などに供用せしめること」といった機能に関する決定が行われている。一方で実際の皇居外苑も、芝生地には主に米国人を相手にした街娼《がいしょう》（当時パンパンと蔑称された）の姿も目立つ、戦前の様相とは大きな変化が見られた。

これに対し旧皇室苑地の空間に関して、その整備運営のあり方に対する答申が昭和二十四年に出されたが、その全体方針は「由緒ある沿革を尊重し、努めて原状の回復保存をはかること」であり、皇居外苑については「国民広場として公開すること」「史蹟として指定すること」その他が示された。つまり空間や景観は旧態の「原状」を「史蹟」として回復して、一方でその場所の意味は旧態の意味を抜き取るという方針を皇居外苑はとることとなった。もっとも史蹟にすべきとされる「由緒ある沿革」というのは、江戸城の遺構を除けば実は明治二十二年に始まったわずか五〇年程度の歴史でしかなく、いわば擬装された伝統であったことはすでにみたとおりである。ともかくこうして戦後規定された、残された器としての空間とそれが含みもつ意味との引き裂かれた状況が、現在目にする皇居外苑の姿であり、ここにこの広大な広場の一種の「違和感」が存在しているように感じられる。

「人民広場」の挫折

その引き裂かれた状況を象徴するかのように広場に嵐の吹き荒れた時代があった。戦後しばらくは皇居外苑は、勢いを得た共産主義に感化され反米主義になびいた労働者や学生を中心とした人々にとっても一種のシンボル的空間となった。かつて戦前には奉祝のために大量に動員された人々と同じ層の彼らが皇居外苑を「人民広場」と称した。皇居外苑は先に触れたように復活したメーデーの会場として使用されていたが、サンフランシスコ条約、日米安保条約締結を半年後に控えた昭和二十六年（一九五一）三月には皇居外苑のメーデー使用禁止が次官会議で決定され、GHQもこれを支持した。

翌二十七年三月には「皇居外苑の使用許可について」閣議了解がなされ、皇居外苑は「皇居の前庭であるという特殊の性格（中略）にふさわしい美観と静穏を保ちうる方法により、広く国民一般の休憩、散策、観光に供する」方針で、政治的宗教的目的でない小規模の集会か国家の催事以外の特別使用が不許可の対象となった。そして同年五月、やむなく明治神宮外苑で独立後初のメーデー集会を行ったデモ隊が「人民広場」を取り戻そうと皇居外苑に行進し、警官隊と衝突し殺傷されるいわゆる血のメーデー事件が起こることとなる（図24）。

さらに昭和三十四年には国民公園の管理規則としても、集会、示威行進といったイベントが禁止された。これは翌年の安保条約改正への反対運動、いわゆる六〇年安保闘争に関連した動きであると思われるが、その意味こそ違え、形態的には戦前のこの場所での特徴的行為であったものとまったく同じ行動が禁じられた。その一方で同じ三十四年、皇太子（現天皇）の婚礼が行われ（図25）、皇居外苑からのパレードとその奉祝が全国にテレビ中継された。

表面上は国家主義的性格を抑えた戦後の皇居外苑であったが、かといって国家に相対するものとしての「人民」が迎え入れられたわけではなかった。一見したところ「臣民」から「国民」の広場へという転向を図ったかに見えた戦後の皇居外苑も、メーデーや安保闘争といった「人民」（今でいうなら市民）的運動の盛り上がりに対してかけられた抑圧は、戦前までの公園にみられた国家的装置性となんら変わることがない。

図24　血のメーデー事件（読売新聞社提供）

図25　皇太子成婚パレード（読売新聞社提供）

ある時期のある政治体制のもとで行われたイベントや儀礼が、空間の性格を強く規定しているのはこれまでにみたとおりである。時代が変われば、特に権力の体制が変われば、それらのイベントや儀礼が与えてきた場所の意味が行き場を失うこととなる。その中で現前する空間をどのように取り扱っていけばよいのかということは、オープンスペースのようなそこに人々が行き交うことでしか生きることのない存在にとっては、遺産として「保存」することがとりあえず可能な建築物などに比べると難しい問題である。

土地の更新と歴史的評価

生きた都市空間のなかでは、なんらかの形でその土地や空間の意味を更新していくことがその土地の保全、再生のためには有効な一手段であると考えられる。しかしその更新作業は歴史を読みかえることにほかならず、場合によっては歴史の捏造《ねつぞう》と裏腹の関係にあることはいうまでもない。そしてその歴史というものはあくまで解釈され語られることで創造される性格のものであるので、その更新が有効であったかどうかもあくまで解釈されるものでしかなく、どこまでも相対的なものであり一概に成否の判断をすることは難しい。

上野公園と皇居外苑を比べると、江戸から明治への意味の更新を比較的明確に読み取ることのできる上野公園に対し、戦後の皇居外苑の更新のあり方は不明瞭であり、これは戦前と戦後の間にある連続性と断絶性の両義的性格を象徴するかのようである。これを本書の冒頭で参照した国民国家の統合装置としての統合レベルとの関係から考えると、上野における江戸から明治への変化は文化統合のレベルでの更新であったのに対し、皇居外苑の戦前から戦後における変化は、より深いシンボルあるいは世俗宗教的統合のレベルとして捉えられ、はたして更新されたのかどうかも評価の定まらないところかもしれない。もちろんこうした解釈もある歴史観をフィルターとしたものでしかないが。

さらにこの更新という作業を誰が行うのかということも、国家、行政、市民などのどれであると一義的に定められるものではない。空間の意味といった問題はこれらの関係が重層したところでつくられていくからである。したがって土地の意味の更新というのは「計画」のように明確な意思が注がれる部分もあろうが、それ以外のいわば歴史的存在としての社会そのものが「成っていく」ものであるといえるのではないか。とはいえその計画的意思がどのように働いてきたかということは常に見つめられつづけるべきことであり、次章では本書の結びとして、公園を計画する意思の現在にいたる系譜を簡単に整理しておきたい。

公園計画論の系譜

公園の現在

システムとしての公園

すでに「都市計画の中の公園」の章で紹介したように、行政による明示的計画（市区改正設計）に則った公園設置は、日比谷公園以降は大正期までは数えるほどしか実現されなかった。大正八年（一九一九）の都市計画法公布により市区改正は「都市計画」に継承されるが、このころになって計画の考え方としても単体の公園を越えて公園相互の配置を工夫するシステム、系としての公園計画が、まず欧米の動向を参照に導入される。

そこではまず公園に関してかつての伝染病対策としての衛生思想は変質している。「都市の肺臓」の語は残っていても、瘴気《しょうき》論は消え、公園の「細菌数」に置き換えられた。一方で「市民の保健、慰安、子女の体力増進」などの市区改正審査会で見られた考え方はより強調され、特に「中流以下」の「レクリエーションセンター（運動場本位の公園）」が注目されており、この意味で十九世紀西欧の合理的レクリエーションの考え方がますます強く意識されているものといえる。また並木道で公園をつなぐ「ブールバードシステム」がより効率的な利用や防災のために高く評価され紹介された（『都市計画講習録』）。

これらの公園計画概念を一部実現に動かしたのが大正十二年（一九二三）の関東大震災である。震災復興事業の一環として公園事業が進められ、東京では被害の大きかった下町を中心に大規模な区画整理とあわせて、昭和六年までに大小五五の公園が新たに設置された。小公園では小学校の校庭と併置させられ、かつて明治十八年に市区改正審査会で示された計画が実現することとなった。この点ではかつての衛生思想は受け継がれていたと思われるが直接の伝承がなされたかどうかははっきりしない。

システムとしての公園の理論化は技術的レベルでさらに進められ、昭和八年には「内務省公園計画標準」が定められた。これは公園の種別を定め、種別ごとの面積、誘致距離などの指標を示したもので、現在の都市公園体系の基本がここで確立された。そして公園はここで示された広くオープンスペースの訳語としての「緑地」の概念に包摂されていく。この概念を実際に東京においてシステム化すべく昭和七年より東京緑地計画協議会なる検討会が内務省主導で組織され、昭和十四年に「東京緑地計画」が策定される。これは都心からおよそ五〇キロ圏までの広域計画で、欧米の事例や理論を背景に東京のグリーンベルト（環状緑地帯）が構想され実際に買収が進められた。システム、特にネットワークの考え方など、現在も重視される公園緑地計画の考え方が実現されようとしていた。

この計画は「時局の趨勢」にともない「防空」のための緑地と位置づけられさらに買収が広げられたが、こうして獲得されたグリーンベルトは戦後の農地解放の対象となって多くが消えることとなった。その残りが現在東京郊外の比較的大きな公園（砧《きぬた》公園、水元《みずもと》公園など）として散在しているが、当初の規模からすると相当減じたのも事実である。ともあれその後の公園あるいは緑地は、空間的にはこのころまでの蓄積が資産となって現在にまでいたっている。なお昭和三十一年に都市公園法が制定され、それまでに蓄積された公園概念の体系化が法的制度として位置を得ることとなる。

公園づくりの職能

大正から昭和戦前期のもう一つの大きな話題は、行政の中に公園づくりに携わる専門家の職能が形成されたことである。そのパイオニアはすでに坂本町公園の項で述べた東京府の長岡安平《ながおかやすへい》であるが、その後継者の井下清《いのしたきよし》は東京市の公園課長として震災復興事業における小公園計画・設計をはじめ、墓地の公園化、史跡庭園の保全、恩賜・下賜公園の獲得、街路樹整備などを進めるなか、行政としての公園担当者の職能を開拓した。

一方、国の行政としては、都市計画法の制定にともなって内務省官房都市計画課（一時都市計画局となる）が設けられ、公園はその所管となった。同時期に進められていた明治神宮造営局技師であった折下吉延《おりしもよしのぶ》は、内務省の委嘱で欧米視察を行い、先のシステムとしての公園理論を紹介した。折下はすでに触れた宮内省の福羽逸人《ふくばはやと》門下の出身で、内務省技師として震災復興事業の大公園の計画設計にも携わった。先の公園計画標準や東京緑地計画は折下の後輩にあたる内務省技師の北村徳太郎《きたむらとくたろう》が中心となってまとめたもので、政策的レベルでの公園緑地行政を担う職能の基盤も整っていった。

また「学」という領域においても、公園を作る立場としての公共造園を担う「造園学」が、明治神宮造営を大きな契機として学問として大学に職能を開拓し始め、日比谷公園の設計を担当した林学者の本多静六《ほんだせいろく》らが東大で造園学という講義を開講する。また本多門下の上原敬二《うえはらけいじ》は大正十三年（一九二四）に東京高等造園学校（後の東京農業大学）を興し、また翌年には日本造園学会を創設した。

こうした行政や学校の中に公園づくりに携わる専門職能が発足したのが大正から戦前までの間であるが、これはほぼ現在の官や学の仕組みの下敷きになっている。農学系の大学で造園学を修めたものが、建設（現国土交通）省の公園緑地行政の管轄のもとに、各自治体内部の「公園課」などのセクションにおいて公園の計画、建設、管理等を行うという仕組みはこの時期の職能の成り立ちに負っている。

イベントの生む公園

しかし公園はこうした制度的仕組みの上に載って着実に都市に増えてきたというばかりではない。特に東京のような権力の中枢地においては、国家的なイベントがなす都市空間への作用は都市計画の力をはるかに凌《しの》ぐ。これまでにみてきた上野公園、皇居外苑に加え、厳密には公園ではないが明治天皇を記念して大正期に造営された明治神宮内外苑もまさに国家イベントにともなって現れた空間である。これが空間のみならず公園づくり、あるいは近代の造園の職能形成や学問的発展を大きく促した契機であったことは先にみたとおりである。ちなみに明治神宮内外苑の土地は、日露戦争の勝利を機運に計画されたものの幻に終わった、明治四十五年（一九一二、途中で五年延期される）の日本大博覧会の会場予定地でもあった。

戦後も東京オリンピックという大イベントが与えた影響は、東海道新幹線、東名高速道路、首都高速道路、環状七号線、各種競技場と周辺の公園など、公園はもちろん東京を超えて国土空間に及ぶ計り知れないものであった。東海道新幹線の開通はオリンピック開会式の九日前であり、これは明治二十二年の憲法発布式にあわせて、あるいは明治三十九年の凱旋大観兵式にあわせて宮城前広場が整備改修されたことの再現をみるようである。

また東京を離れた地方都市においても、多くみられる城址公園は廃藩置県にともなう廃城というイベントの結果とみることができるし、上野公園を離れた内国勧業博覧会は京都、大阪で公園を産み、戦後の大阪万博をはじめとする博覧会もまた会場と公園は密接につながる。また忘れてはならないのは毎年各県を天皇皇后が巡る「国民体育大会」（昭和二十二年の第二回大会より）と「国土緑化大会」（昭和二十五年の第一回大会より、のち「全国植樹祭」と改称）が、「総合運動公園」や「森林公園」を全国に次々とあたかも「聖蹟」のように産みだすイベントとして機能してきたことである。

これらは都市計画のような明示的な制度に従ったものに比べて、プロセスとしては見えにくく、逆に実空間へ残した成果はあまりにわかりやすくかつ大きなものである。昭和天皇の誕生日はその死後「みどりの日」となった。その趣旨は天皇が植物学者で自然を愛したからであるとされるが、全国に宮城前広場の「出前」を行ったという意味ではそれ以上の象徴性がある。

ただし、こうした空間の象徴性はかつての上野公園や宮城前広場などに比べると相対的に小さくなっていると思われる。実際に、国体などの「聖蹟」の実態は都道府県に順に公共事業の補助金を回していく国の地方経営というある意味で明示的「計画」である。公園自体に求められる要因として一つ考えられるのは、空間そのもののメディア性の低下ではないだろうか。かつてのそれら大空間は繰り返し幾万もの人々を集めることで土地に対応した空間そのものが時代のメディアとして働いていた。しかしその後の情報環境の大きな変化（テレビ、最近ではインターネットなど）は、土地から空間を、空間から物的性格を引き離していく。こうして公園の文化・シンボル統合レベルの性格は弱くなってきたと思われ、その一方で都市計画に代表される公園の国家・国民統合レベルの明示的制度としての性格は、制度として専門性が高められ職能の形成が進められたこともあり、戦後はこの方向に収斂《しゅうれん》しつつあるようにみえる。

流転する公園の機能論

以上が現在にいたる公園が産み出される広義の制度的仕組みにかかわる部分であるが、その仕組みが定着する以前に市区改正などで議論されていた、公園そのものの意義であるとか、有用性に関する議論はその後どうなっていただろうか。

先に登場した井下清は、昭和初期、公園の目的を都市／地方、また人／地方（土地）／社会などの立場から多角的に論説しているが、この中で公園の機能として、健康、休養慰安、運動体育、遊戯娯楽、土地の衛生、防災、教化訓育などを挙げている。同時期大阪府にいた大屋霊城《おおやれいじょう》もまた、衛生、休養娯楽、都市美、防火、都市の合理的成長、経済（地価上昇）、教化などを挙げている。

次にはるかに時代を下って、平成四年（一九九二）の都市計画中央審議会の答申にみられるものが、当局の認識する最新の公園の機能論と思われるが、そこでは自然環境保全、心身の健康、コミュニティ活動・生涯学習、防災、魅力ある地域の形成、などを提言している。これらをみると一〇〇年を超える歴史の中で構想されてきたものは、重なる機能もあるが、多くは時代によってさまざまな機能が同じ「公園」という制度と空間に期待されてきていることがわかる。

こうして公園に何でも機能が詰め込まれることを不安に感じる見方も、戦後すぐの時期にすでに窺うことができる。東京都で公園行政に携わっていた森脇龍雄《もりわきたつお》は、公園に求められる機能のうち、他の何かで代用することのできない、いわば公園の本質的機能を探す考察を試みる。一つずつ代替可能なものを消していって最後に残ったのは「アウトドアレクリエーション」であった。しかし森脇はそれすら代替可能であることに気づいていた。

すでに彼が薄々認識していたように、公園は時代のさまざまな要請、価値観を反映しながら、常に自己の存在理由を確認しつつ存続してきたといえる。市区改正、都市計画のなかで国民統合、文化統合の装置として現れた公園は、それを産み出す行政の仕組みが制度化されたあとは、その制度が自己存続のために走りつづけることを強いられるなか、流転する機能の受け皿と化したと考えることもできる。

しかしそれでも獲得された制度や職能のもとに、時代時代に求められる公園を作り維持しつづけてきたのならば、それぞれの時代に多様な公園が現れてもよかったはずであるが、実際はむしろ公園の姿は一〇〇年をへてもあまり変わっていない。公園「的」空間の需要は確かにある。「かってはいたるところが公園だったのに」といった発言を耳にすることも多い。これは公園的なものに対する共通認識がまずあり、昔はそうした空間が公園とあえて呼ぶこともなく身の回りにあったのに、今はそうした空間は公園にしか求め得ないので、公園が要らないわけではないがどうもつまらない、という批判といえる。こうした批判を受けたり公園の姿が何も変わらない理由は、単純に考えれば公園を産み出す仕組みの中にあり、公園の機能論や有用性の論議と実際の公園整備を行う計画論が乖離《かいり》しているからだということになる。そこで現在にいたる公園計画論の主なものを検証してみたい。

公園の計画論と公共性

公平な公園

計画設計論の基本となるのはやはり公園の名にふさわしく「公」の考え方である。公園計画設計論を語った最も初期の人物は明治期の庭園史家「酔園」こと小沢《おざわ》圭次郎《けいじろう》である。大正六年（一九一七）にまとめられた『明治庭園記』の中で小沢は公園の造り方を論ずる。

　さて其造方《そのつくりかた》の要領を約説すれば、旧来の私園と、今世の公園とは、全く其目的を同くせざるを以て、之を造成する方法も、亦《また》相異ならざるを得ざるなり、（中略）公園は、公衆共同の観覧に供する為に、設置する処なり、故に（中略）公園に至ては、各人随意に、入園鑑賞する事を得《う》可《べ》し、是其《これその》目的を同くせざる所以《ゆえん》なり。

これにつづいて小沢は具体的な公園の造り方の私園との違いについて、特定の正面性を避けること、今でいう収容力を考えて園路の幅を広げること、出入口を複数設けること、などを挙げている。全体を貫いている小沢の公園の「公」に対する考え方は、ひとえに公平性ということと理解される。やや時代が下がって井下清《いのしたきよし》の場合はこの点の自覚がかなり強くなる。

公園の目的とする処《ところ》は総《すべ》ての人が自由平等に施設を共用し、公園に遊ぶことに依りて何等の差別を忘れて一となつて（後略）（『公園の設計』）

さらに戦後では森脇龍雄が先の「本質」の考察の補足として「公共性」を論じているが、そこでは公開性と非営利性の二点を指摘し、利用側と提供側の二者に分けて公平性を述べている。これ以降公園の公共性そのものについての議論はあまり顕在化することがないが、この公平性は実務上にどのように反映されたであろうか。ここで「一人あたり公園面積」という量に関する計画論と、「近隣住区理論（における公園計画）」という配置に関する計画論の二つを取り上げてみたい。この両者は公園計画論として現役であり、かつ長い歴史をもっている。

一人あたり公園面積

「一人あたり公園面積」の概念はすでにみたように市区改正の当初から適用されているもので現在も使われている。この当初の概念は都市の公衆衛生を考えるうえで使われた、疫学的な思考法である。「都市の肺臓」として衛生家たちによって防疫施設の一環として構想された公園が、人口あたりの伝染病発症率、死亡率などの統計的数値を防疫効果の指標とするのと同様な発想によって「一人あたり公園面積」というものさしで計画されることとなる。そして当初衛生行政の内部では公園の機能論と整合していた計画理論が、防疫装置としての機能論が後退した後も生きつづける。この指標はある単位集団間の比較参照のために用いられてはじめて意味をもつものであるが（いまだに「欧米並み水準」を目指す指標に用いられている）、一方でこの「一人あたり」という切り口があたかもパイを切り分けるような、先にみた「公平性」の概念と一致したことが、市区改正以来支持されつづけている理由の一つとはいえないだろうか。

一人あたり面積論は、昭和七年（一九三二）、先にも触れた内務省の北村徳太郎によってさらに理論化されたが、「北村理論」とも称されるこの理論の正式タイトルは「都市の公園計画一応の理論」である。下敷きにはベルリン市の建築局長マルチン・ワグネルの「都市の空地政策（一九一五）」を用いながら独自の必要面積の算出を試みている。ただし注意したいのは、北村ははじめから「一人あたり」の算出を前提にしたのではなく、公園の配置と面積に対するなんらかの指標を探し求めて、都市の面積との比率、人口一人あたり、人口密度との関係、地区、都市、国の性格の差異などを勘案し、結果として利用者年齢と公園の種別の対応表の上に人口一人あたりの指標を「私見として」示した。

北村が「一応の」と断りを付け加えたためらいがこうした中に窺われるが、後の時代はこの結論部分を北村理論として教条化し、昭和三十一年の都市公園法においては、単純な一人あたり六平方メートル（平成五年より一〇平方メートル）という法的な「基準」とした。こうした概念のひとり歩きと、先の統計論的な公衆衛生観の下地、および公共性を平等な分配という公平性で捉える考え方が相互に作用したものが、現在も続く「一人あたり公園面積」論であると考えられる。しかし一人あたり面積というものと、公園に遊ぶ人々の体験の豊かさはおよそ無関係であり、公共性が読み替えられた公平性というのも、分配する側からの一方向の考え方であるのは否定できない。

近隣住区理論

次に、「近隣住区理論」にもとづく公園配置論は、公園の「誘致圏」という概念を考え方の基礎として、先の「一人あたり」公園を空間配置に展開させる考え方である。大正期にアメリカでの公園の誘致圏の考え方が紹介され、これにやはり同じころアメリカで提案された小学校区を単位とする近隣住区の考え方が重ねられて戦後に公園配置理論としてまとめられた。これが昭和三十一年（一九五六）の都市公園法に取り入れられ現在も国土交通省が提示する公園の配置モデルが定着することとなった。実際には昭和三十七年に街開きした大阪の千里ニュータウンをはじめとするニュータウン計画に適用されたが、理論としては既存市街地にも当てはめて考えられている。

この考え方は地縁によるコミュニティの安定性と均質性を前提にしている。一定面積の土地にまとまったコミュニティ、すなわち共同体の単位空間を想定し、そこに公園を階層的に配置させる考え方である。コミュニティが土地を基盤として成り立つという考え方は、ある意味理解できるものではある。ただしそれをそのまま計画理論とすることは、それぞれのコミュニティごとに土地を単純に切り分けて対応させて考え、さらにそれぞれを均質な空間と捉えてそこに必要量の公園を充足させるという考え方になる。これに従えば切り分けたコミュニティにはそれぞれ同様の公園のセットを分配していけばよいことになる。つまり先の「一人あたり」と同じく、「コミュニティあたり」という分配の原理である。

しかし、現実の都市空間は土地に依拠するコミュニティに限っても、行政区のように全体が一通りに分割されるわけではなく、また分割された地区内も等質ではない。そこに地区ごとの公園セットをもち込んでも、同じような公園ばかり目にすることにはなっても、そのセットがコミュニティを豊かにすることとはかかわりようがない。こうしたことはどれだけ考えられてきたのだろうか。

近隣住区理論による公園配置論は、地縁コミュニティという公共空間を仮定することで一見下から積み上げる公園体系の編成を目指しているかのように見える。しかし実際はその反対に、まさに行政区のように、「官」が全体を一元管理するために効率的な階層的な考え方であったといえる。ましてや現代は、土地、地縁に立脚したコミュニティは弱くなり、個々人のさまざまなネットワークによるコミュニティが一人の個人の中でも重層するように成り立っている。地縁コミュニティという前提すらが現代では失われているのに、それを前提とする理論が依然として存続しているのは、何よりも管理統制の理論として有効であるからといえる。

公共性の再考

このように、公園の計画論に見え隠れする公共性にかかわる考え方を簡単ながらみてみると、公平性という概念、そしてその適用としての一人あたり、コミュニティあたりという分配の意識、またコミュニティの概念を借りた一元管理の思想といった、場としての「公」が経営管理する手続きの主体としての「官」にすり替わった状況をみることができる。そこには公園に遊ぶ個々人の顔が見えない。これがさまざまに役割を期待されながらもずっと同じような公園が作られつづけてきた理由の一つと考えられる。官はその性格上責任を拡散させ顔を隠し、慣性力で動くものだからである。

パイを切り分けるような「公平性」というのは、切り分けるための閉じた共同体を前提とするものである。その一方で公共性の特質の一つが「万人に開かれた」ところにあるとするならば、この両者はもとより相反する性格である。公園は今のところ後者の建前（開かれた存在）と、前者の計画論（共同体への切り分け）と、そのどちらでもない実際の空間としてみることができ、それらのギャップがさまざまな問題の潜む構造をなしていると思われる。このギャップは言い換えるならば、公園が社会の装置であるといったときにその「社会」自体が建前的性格をもっていて実体がつかみどころがなく、実際には行政区などのかなり機械的領域の「住民」を社会に置き換えざるを得ないことから生じるものともいえる。

ここで公園の計画設計論が、公園の公共性について必ずしも意識的、継続的に考えてこなかったことを指摘し、公園の公共性を問い直すことの必要性を唱えることはたやすい。ただしこうした公園の計画論に対する疑問の投げかけは実は今に始まったことではなく、少なくとも四〇年くらい前から指摘されていることである。さらに実際近年はこうした問題意識を反映して、「住民参加」「市民参加」という公共性の確立手段を計画理論化し実践する試みが盛んに行われているが、ややもするとその手段自体が行政の新たな「管理」手段に取り込まれてしまう事態も起こっている。あるいは「参加」の名のもとに「開かれた」公園づくりを目指したはずが、参加しない人々はもちろん参加の前提となる共同体から排除された「参加できない」人々を産み出すことで、行政が一方的に行う計画よりもさらに「閉じた」公園づくりとなるパラドクスに陥るケースもあるようである。公園の国民統合の装置としての出自を考えると、それがたやすく「国民」から「市民」のものになるかどうかは、根が深く簡単には結論づけられない問題であるのではないだろうか。

パラドクスを抱えた公園――エピローグ

公園づくりの思考法

「公園の設計を説くに当たつて公園とは何ぞやと云《い》ふ如き概念的研究に遡ることは無用のことのやうであるが、如何《いか》なる観念を以《も》つて公園を見るかと云ふことは直《ただち》に其設計の上に露れて来るのである」――これは井下清《いのしたきよし》の著書『公園の設計』(昭和三年)の冒頭の著述であるが、ここには井下をはじめ当時の公園の計画設計に携わるものの立場がよく示されている。つまりそれは公園を設計するためには、公園とは何か、公園に求められるものは何かということを考えずには何もできないということである。これは極めてもっともな考え方のように思えるが、実は日本での公園の成り立ちを考えると必ずしも必然性のある考えとはいえない。

明治六年(一八七三)の太政官《だじょうかん》布告による公園制度の発祥は、その意図は置くとしても結果として、社寺境内地等の「群集遊観の場所」としての働きを持っていた空間を公園と位置づけたことになるが、その後明治十七年以降の市区改正の中で現れてきた日比谷公園を代表とする公園は、配置計画を行い、敷地の取得をへて新しく公園を造成するというプロセスのもとに産み出されていった。井下の立場はこのプロセスを前提とした時にはじめて生じるものである。

これを前提とした公園の計画設計は、まず公園の必要性を意義づけることから始まり、さらに公園という抽象的概念になんらかの機能を設定して、それにふさわしい空間の配置なりデザインなりを行うという作業の積み重ねを必要とする。太政官制の公園がすでに「成って」いた空間を保全しようとしたのに対し、市区改正以降の公園は何かを「為す」ことをひたすら追究してきた。それが「計画」することそのものであるともいえるが、こうして現在にいたるまで、基本的に都市公園の「公園計画」とは抽象的機能空間を産み出す営為を連綿と続けてきたことになる。

昨今の潮流である住民参加形式の公園づくりにおいても、多くは「どんな公園が欲しいですか」とか「ここが公園になったらどんなことをしたいですか」という問いかけから始まるが、思考法は市区改正以来のものとまったく同じである。また本書で見たような都市計画を超えたレベルで計画される記念性の高い公園も、最初の動機が違うだけでその後の空間化のプロセスは変わるところはない。ひとたび公園が、こうした思考法で計画されるべきものとして、しかもそれを担う固定的専門職能において産み出されてきた以上、そこから抜け出ることはなかなか難しい。逆にこの思考法はエスカレートして、必ず公園に「コンセプト」（具体的な方針の基礎となるテーマのようなもの）を要求するようになり、技術者もまずコンセプトを立てることを公園計画、設計の重要な作業として疑うことなく認識している。しかし個々人の気晴らしの場に本当にコンセプトは必要なのだろうか。たいていの場合そのコンセプトは漠としていて実際にできあがる公園への影響はさほど大きくはないものの、公園が作られる過程での「コンセプト」の存在ほどその公園の「統合」のための装置性を示すものはないともいえる。

制度の相対化

本書の歴史的視点として参照した国民国家の統合装置としての公園、という見方は、当然ながら今現在の眼からみた近現代の捉え方のさらに一つにすぎない。そしてそこから何か直接今後の公園と公園づくりはこうあるべきであるというような解が見つかるわけではない。むしろより問題を拡散させているかもしれない。しかしそれでもこうした制度の諸相の洗い出しを行う理由の一つは、制度自体やそれに規定された状況を批判したいのではなく、公園の計画設計に携わるものにも、自らの乗っている制度を一歩も二歩も引いて相対化する視点が必要と思われるからである。

これまで当事者たちはすでに型の定まった制度のもと、実践的技術者の枠から自らをはずさないように、日本には公園緑地が足りない、という認識のもとその拡充に意を注いできた。そしてその自己確認および存在の主張のため、公園の機能の意義づけを繰り返し行ってきた。それら技術者はそれぞれの立場において真摯《しんし》に取り組んできたわけであってそれを責める理はない。しかし個々には誠実であっても全体として思考が硬直化し、どこかおかしい現実が進行していくのは、官僚制全体の問題でもあるが公園にかかわる行政もその例外ではない。

今後住民、市民による「参加」が公園づくりや管理においてさらに進められるのであればなおさら、この相対的な視点は専門家に限らずますます必要となることかもしれない。さらにそれは参加すること自体が、自己維持に走る制度にまた組み込まれていくことに対しても自覚を要するという、幾重にも個人を取り巻く社会の諸相に対する目配りが求められるということであろう。ただしそれは理想化された姿としての「市民」や「社会」を個と国家の間に描いたうえでの一つの考え方であるので、現実はそう簡単なことではないのもまた確かである。さしあたり「参加」で大切と思われるのは、住民、市民が公園の空間案を考えることよりも、自分と行政というものの間に成り立っているある社会の姿を認識し考え直すことではないだろうか。

公園は近代市民社会がそれ以前の権力体制から「獲得」したものであるという捉えられ方がされることもあるが、本書では公園は西欧において中流以下の階級に対する合理的レクリエーションの場が行政によって提供されたもの、という側面からみてきた。少なくとも日本では明治国家の建設期において、産業革命と連動した労働者の時間管理の一環としてのレクリエーションという概念の誕生をへずに、労働者を「国民」に読み替えるかたちで公園が国民統合、文化統合の装置として取り入れられた。しかしこの公園と国家の結びつきに対する意識は衛生行政が公園の創出を主導した初期を除いてはあまり自覚的ではなかったと思われる。

国民から市民へ？

これが戦後、「国家」主義への反動もあり、そのまま公園が「市民」のものであるかのような錯覚をもたらしたことはないだろうか。その結果、公園行政がそれまでにおおむね確立されていたこともあり、公園を産み出し維持する仕組みは何も変わることがなかった。

昨今の「市民」への関心や意識の高まりは、その転機の可能性をもっていることは確かであろう。しかし公園が近代国家の形成と切り離せない性格として成り立ってきたことを忘れているため、単に作り手としての官（行政）にかわるものとして市民を対置させたところで、近代の装置としての公園の本質には触れることがない。この意味で制度の根源的部分での見直しは求められていくことであろうが、かといって国家から与えられたかにみえる合理的レクリエーションの場を否定し、公園は不要だとすることもまた直《ただ》ちには不可能である。なぜならば私たちは歴史の過程で当初生産のための手段であったレクリエーションを自己目的化する時代に生きているからである。制度と人々の意識とは相互に関係し影響を与えることで変わる可能性のある変数同士であって、どちらかを固定して考えられるものではない。

近代公園の非近代性

しかし一方で、すべてが変わるものであることを認めるのは精神的に不安なことでもあり、公園にも近代性を超えた性格、あるいは変数ではないどこか変わらぬ特質を求めてみたくなる。断言はとうていできないが、その可能性があるものとして非有用の空間としての性格が挙げられる。基本的に公園は近代の装置でありながら、空間的には土地さえあれば特別の近代の技術を要しない特異な性格をもっている。事実十七世紀に英国でイーブリンが都市に農村をもち込もうと考えたのは、その空間的性格からみれば近代にノスタルジックな非近代を挿入しようとしたものとみることができる。

近代が引き起こした社会的問題への解決策として登場した以上、近代性の上に乗りながらもどこかその「外部」にあろうとする性格を、公園の提供者はともかくそこに遊ぶ人々は意識せずとも求めてきた側面があるように思える。たとえば原っぱや空き地への人々の愛着は、その場所が都市の開発から取り残された「外部」性にあると思われる。冒頭に掲げた、どこか希薄な公園の姿の背景として本書はそれを主に提供する側の考え方に求めてきたが、もう一方の反面にはこうした性格が表れているのではないだろうか。

合理性に対する非合理の場、近代性に対する非近代の場、有用性に対する非有用の場、こうした性格はいかに制度が進展していこうとも消えなかったように思える。野に戯れ遊ぶことはホモ＝ルーデンス（ホイジンガ）たる人間の本能かどうかはよくわからないが、これが「レクリエーション」する場として都市空間に組み込まれたのが近代の公園である。この変化は遊びの馴致《じゅんち》化、合理化、すなわち制度化ということができる。遊びの制度化によってはじめて公園が生まれたが、その制度化が極限に進むと遊びの本質は消えてしまうであろう。言い換えれば公園は、制度化され得ない遊びを制度化された仕組みのうえで行う場として社会が備えるという、パラドクスを抱えた存在であるといえる。

公園に限らないがこうした背反するものをうまく保っていくすべを今のところ私たちはもち合わせていない。さらに有用性の裏面としての性格をすくい上げるのは大変難しく、それを無用の用と解釈した途端にまた有用性に回収されてしまう危うさをもっている。非有用性を近代は忘れたのか捨てたのかどうかはわからない、あるいはそれを失ったのが近代そのものということかもしれない。そしてむろん近代以前を必要以上に理想化するのもまた幻想かもしれない。答えはわからないが、少なくとも公園といった社会全体から見れば小さな存在にも、それがもう後戻りできない近代の中で走り出したパラドクスを抱えた未完の制度であることを見つめる相対的な視線を注ぎつづけることが、日常を豊かにすることに繫がると考えたい。

あとがき

本書は主に公園を作る側の意識のあり方に着目して話を進めたもので、タイトルの割に触れていないことが随分と多い。特に公園が置かれる都市そのもののことにはほとんど立ち入らなかった。制度に現れる行政の意思の一方で、近代の都市は資本の論理と力で動いてきた。その中でかつて実際の都市には、開発から残された原っぱ、空き地などのアナーキースペースがいたるところにあり、制度上の公園ではなくともおしきせの公園より楽しい場所がたくさんあった。しかしこうした空間も東京の場合ここ二〇年くらいでほとんど消滅してしまったように感じられる。それは無駄な空間を許さない資本が都市のすみずみに行き渡った結果であり、公園もその中に組み込まれてきた一方で、ある意味、こうした状況になって初めて制度的公園の意義が浮上してきたといえるかもしれない。そのときに必要とされる公園が、今まで通りでよいとはおそらくいい難いが、本書ではその今までの断片を眺めてみたに過ぎない。

筆者は農学系の大学を出てしばらく、建設関係の設計会社で技術者として公園緑地の設計の仕事をしていた。その中で経験した二つの公園や広場の設計が、今になってみると本書の伏線になっているような気がする。ひとつは都内のある住宅地に計画された小さな公園だった。水道局の配水池にコンクリートの蓋をした全く新しい土地に造られる公園であったため、いやでもその公園には何が求められるのかということを考えさせられた。しかしいわゆる高級住宅街であったその街は、各戸は公園など迷惑といった印象で、いったいここに本当に公園は必要なのかという疑問に戻らざるを得なかった。行政からの請負仕事である以上公園が不要という解はありえず、釈然としないままその公園の理想像に説明をつけて設計を進めたが、どこかそれはお題目に過ぎないという思いがついて回った。

もうひとつの経験は大規模な新都市開発の中での広場設計だった。そこではバブル経済のもと行政が先導して副都心作りをもくろんでおり、開発地中央には新都市のシンボルとなる広大な広場が予定されていた。しかしこの仕事では意志決定をするものの姿がまったく見えず、不気味にわけのわからないまま、様々なことがいつのまにか決まっていく現実を目の当たりにした。シンボルとなるために「パレード」や「博覧会」といった本書でもとりあげた記念的祝祭を前提とした空間の設計が求められた。図面を描いていた筆者は末端にいたに過ぎなかったとはいえ、政治と資本が結びついた顔の見えない大きな力が常にのしかかる思いがして、本来その仕事が持っていたはずの創造する楽しさも半ばであった。

今振り返るとこれら二つの仕事でのもやもやとした思いが、本書の大きな二つの構成に繋がっているように思われる。大学に戻った当初は、実学の立場から、「提供する側」の専門性にかかわる設計や計画の技術論を歴史的に追ってみることを漠然と考えていた。しかし上野公園のことを追っているうちに、その場所が公園であることを超えた力で徹底して性格付けられ、それでもなお公園であるという技術論でない部分に面白さを感じた。また市区改正の公園を調べているうちに、今とは違う公園への考えが様々にあったことが新鮮に感じられた。特に今の日本では忘れられたかのようだが（奇しくもこのあとがきを書いている現在、米国のイラク侵略への反対運動でやや呼びおこされた）、一カ所に人が群れて集まることは統治者にとって危険なことでもあるという、言ってしまえば当然のことに気がついたときは自分の視野の狭さが情けなかった。そんなときに西川長夫氏らの国民国家の装置性の考え方に接し、あるパースペクティブを与えてもらった気がした。公園の場合、装置性のレベルが単一でない点が面白いところであるとは思うが、本書は基本的には西川氏の概念や、さらにその基底となっているベネディクト・アンダーソンの『想像の共同体』論の一事例として、数ある「誕生」本を後追いするかたちで公園という「各論」を試みたに過ぎない。さらに本書は歴史研究の作法を踏まえない無理な解釈の可能性があることは否定できず、また「近代」とか「社会」「公共性」などの重要概念の慎重な吟味を棚上げにしてしまった点も心残りで、異分野のものが無謀にも筆を滑らせてしまった不安は大きい。

しかしこれらの問題はあるものの、史料の分析に際し、いくら細かく字面や行間を追ってもわからないことが、自分が計画の当事者になったつもりで、現況調査の追体験をしたり、等高線を引いてみたり、工事手順を考えてみたりすると新たに見えてくるものがあった点などは、いくばくかの実務経験に助けられてとりえた方法であったように思う。その一方で計画や管理にたずさわる実践の立場からは、本書のような話はおよそ役に立たない観念論と受け取られるかもしれない。しかし公園が一面において私達を縛る近代の外にあろうとする遊び場の性格をもつのならばなおのこと、私達を覆い包んでいる近代公園の制度の自明性を問い、そこから自由であろうと意識することは現場においても必要なことと思われる。例えば最近東京都は、大道芸人をある選抜のもとにライセンスを与えて特定の公園等での活動を認める制度を始めた。かつて公園での集会などは規制という形で制限されてきたが、一見芸人に公園を開放するかに見える都の新しい制度は、空間への規制ではなく個人を直接飼い馴らし始めた新しい局面として注目される。こうした流れはある歴史の幅を射程に据えることで見えやすくなるものと思われる。公園に限ったことではないが、近代の中で私たちがどのように空間に身を置き、置かれてきたかを問うことをさらに続けていきたい。

本書ができるまでには当然ながら多くの方のお世話になりました。本書の下敷きとなった学位論文では東京大学の熊谷洋一、大橋邦夫、武内和彦、下村彰男、斎藤馨の各先生方に指導いただきました。また、ほぼ同世代の実務家や研究者からなる同人 landscape network 901* の仲間には常に刺激に富むヒントを与えられ、論文をさらに膨らませることができました。そして吉川弘文館の一寸木紀夫さんには本書の執筆を勧めていただき、さらに草稿に細かく目を通していただくなど一方ならぬお世話になりました。同社の鎌本亜弓さんにも校正等でお手を煩わせました。これらの方々に厚く感謝申し上げます。最後に私事で恐縮ですが、本書の完成を支えてくれた家族の仁美と杏子に深く感謝します。

二〇〇三年三月

小　野　良　平

主要参考文献

石田頼房『森鷗外の都市論とその時代』日本経済評論社、一九九九年
石塚裕道・成田龍一『東京都の百年』山川出版社、一九八六年
入江克己『日本近代体育の思想構造』明石書店、一九八八年
榎並重行・三橋俊明『細民屈と博覧会』ＪＩＣＣ出版局、一九八八年
小川鼎三、酒井シズ校注『松本順自伝・長与専斎自伝』平凡社、一九八〇年
大日方純夫「自由民権運動抑圧体制の編成」『歴史評論』四〇五、一九八四年
坂本孝治郎『象徴天皇制へのパフォーマンス』山川出版社、一九八九年
白幡洋三郎『近代都市公園史の研究―欧化の系譜―』思文閣出版、一九九五年
高木博志『近代天皇制の文化史的研究』校倉書房、一九九七年
多木浩二『天皇の肖像』岩波書店、一九八八年
田中祥夫「明治一〇年代、内務省衛生局による建築法制の推進について（一連の長屋・家屋建築規制の成立要因）」『日本建築学会計画系論文報告集』四〇五、一九八九年
田中正大『日本の公園』鹿島出版会、一九七四年
角山榮・川北稔編『路地裏の大英帝国　イギリス都市生活史』平凡社、一九八二年
遠山茂樹『明治維新と天皇』岩波書店、一九九一年
土肥真人「江戸から東京への社会的諸制度の変化と都市オープンスペースの形態的変化に関する考察」

『ランドスケープ研究』五八、一九九四年

西川長夫・松宮秀治編『幕末・明治期の国民国家形成と文化変容』新曜社、一九九五年

野嶋政和「東京市区改正期における近代都市公園の展開」『第二九回日本都市計画学会学術研究論文集』、一九九四年

伴忠康『適塾と長与専斎—衛生学と松香私志—』創元社、一九八七年

タカシ・フジタニ『天皇のページェント　近代日本の歴史民族誌から』日本放送出版協会、一九九四年

藤森照信『明治の東京計画』岩波書店、一九八二年

スーエレン・ホイ『清潔文化の誕生』紀伊国屋書店、一九九九年

前嶋康彦『皇居外苑』郷学舎、一九八一年

丸山宏『近代日本公園史の研究』思文閣出版、一九九四年

見市雅俊『ロンドン＝炎が生んだ世界都市』講談社、一九九九年

御厨貴『首都計画の政治』山川出版社、一九八四年

山本信良・今野敏彦『近代教育の天皇制イデオロギー』新泉社、一九七三年

吉見俊哉『博覧会の政治学』中央公論社、一九九二年

Hazel Conway : *People's Parks The Design and Development of Victorian Parks in Britain* : Cambridge University Press, 1991

David Schuyler : *The New Urban Landscape The Redefinition of City Form in Nineteenth-Century America* : The John Hopkins University Press, 1986

著者紹介

一九六二年、栃木県に生まれる
一九八九年、東京大学大学院農学系研究科修了
株式会社日建設計勤務を経て
現在、東京大学大学院助教授（農学生命科学研究科）

主要著書
ランドスケープ批評宣言（共著）

歴史文化ライブラリー
157

公園の誕生

二〇〇三年（平成十五）七月一日　第一刷発行

著　者　小《お》野《の》良《りょう》平《へい》

発行者　林　英　男

発行所　株式会社　吉川弘文館
東京都文京区本郷七丁目二番八号
郵便番号一一三―〇〇三三
電話〇三―三八一三―九一五一〈代表〉
振替口座〇〇一〇〇―五―二四四

印刷＝平文社　製本＝ナショナル製本
装幀＝山崎　登

歴史文化ライブラリー

1996.10

刊行のことば

現今の日本および国際社会は、さまざまな面で大変動の時代を迎えておりますが、近づきつつある二十一世紀は人類史の到達点として、物質的な繁栄のみならず文化や自然・社会環境を謳歌できる平和な社会でなければなりません。しかしながら高度成長・技術革新にともなう急激な変貌は「自己本位な刹那主義」の風潮を生みだし、先人が築いてきた歴史や文化に学ぶ余裕もなく、いまだ明るい人類の将来が展望できていないようにも見えます。このような状況を踏まえ、よりよい二十一世紀社会を築くために、人類誕生から現在に至る「人類の遺産・教訓」としてのあらゆる分野の歴史と文化を「歴史文化ライブラリー」として刊行することといたしました。

小社は、安政四年（一八五七）の創業以来、一貫して歴史学を中心とした専門出版社として書籍を刊行しつづけてまいりました。その経験を生かし、学問成果にもとづいた本叢書を刊行し社会的要請に応えて行きたいと考えております。

現代は、マスメディアが発達した高度情報化社会といわれますが、私どもはあくまでも活字を主体とした出版こそ、ものの本質を考える基礎と信じ、本叢書をとおして社会に訴えてまいりたいと思います。これから生まれでる一冊一冊が、それぞれの読者を知的冒険の旅へと誘い、希望に満ちた人類の未来を構築する糧となれば幸いです。

吉川弘文館

〈オンデマンド版〉
公園の誕生

歴史文化ライブラリー
157

2019年（令和元）9月1日　発行

著　者　小《お》野《の》良《りょう》平《へい》
発行者　吉川道郎
発行所　株式会社　吉川弘文館
〒113-0033　東京都文京区本郷7丁目2番8号
TEL　03-3813-9151〈代表〉
URL　http://www.yoshikawa-k.co.jp/

印刷・製本　大日本印刷株式会社
装　幀　清水良洋・宮崎萌美

小野良平（1962～）

ISBN978-4-642-75557-3